堀江
貴文の
言葉

The words of wisdom
by Takafumi Horie

宝島社

堀江貴文の言葉

The words of wisdom
by Takafumi Horie

宝島社

はじめに

実は私、流行語大賞の年間大賞ホルダーである。

長く使われる言葉を生み出すプロセスは大量の情報インプットから始まる。

そのインプットした情報を噛み砕き、最近流行のtwitterやLINEなどで短い文章にしてアウトプットする作業を四六時中行う事でスキルアップする。私の場合は有料メルマガの大量にくる質問への短時間での切り返しもスキルアップのテクニックの一つである。

何気なく使っている言葉が、ある文化圏の人たちにとっては新鮮だったりすることもある。

だからどんどんインプットしてアウトプットを繰り返す事なのである。

私の言葉に触れる事でそのエッセンスを盗み取って貰えれば幸いである。

2013年5月　堀江貴文

目次

本書は、堀江貴文氏がこれまでに発表した書籍、メールマガジン等から一部分を抜粋・改訂し、まとめたものです。それぞれの「言葉」の出展は巻末に記してあります。

Chapter 1

生き方

Chapter 2
仕事の流儀

Chapter 3 カネ

Chapter 4

人・つながり

Chapter 5 学びとインターネット

Chapter 6

世界の仕組み

Chapter 7

ホリエ流・前進志向

デザイン　細山田光宣、蓮尾真沙子、川口匠（細山田デザイン事務所）
編集　横山博之、向笠公威（宝島社）
編集協力　杉原光徳（ミドルマン）

Chapter 1

生き方

001 Horiemon's Words of Wisdom

地面の下からでも壁は突破できる

元の妻子と会える機会を蹴ってみたり、たまに届く可愛い女の子からの誘いのメールにも一切応じず、わざと自分を孤独に追い込んだ。

孤独に耐えて、ひたすら耐えて——。

すると奇跡のように、苦しい心を突破できたのだ。

人生を下がって、どん底のさらに下まで、落下し続けると何かが見える。

突き抜けるのは、何も上だけではないのだ。

壁を突破するのは、地面の下からでも可能なのだ。

002 Horiemon's Words of Wisdom

将来の不安を抱いて、いいことはない

そもそもなぜ将来に不安を抱くのだろうか。

「ああ、将来が不安でたまらない」と考えることによるメリットって、いったい何があるのか？

私は、不安というのは、考えた時点で負けだと思っている。

先の不安を考えて、いいことがあるのだろうか？

何もない。

なのに、なんでわざわざ楽しくないことを考える必要があるのだ。

003 Horiemon's Words of Wisdom

なんでも疑え

とにかくなんでも疑ってかかることだ。

基本的に何に対しても疑問を持てばいい。常識を疑って考えてみる習慣をつけることが大事なのだ。

そうすると、常識と思われていることは、意外と不合理なものも多いことに気づく。

004 Horiemon's Words of Wisdom

充分に寝て、時間を節約せよ

今でも私は、最低でも8時間は寝たいと思っている。何かの理由で睡眠時間が充分に取れないこともあるが、8時間は寝るべく最大限の努力をしている。「睡眠時間を取る」ということは、実は「時間を節約すること」にほかならない。1日に24時間しかない時間を効率的に使うためには、逆説的にいえば、睡眠時間をたくさん取ることこそが時間を節約することにつながるのだ。睡眠を充分に取っていると、起きている間の単位時間あたりの生産性が高くなるからである。

005 Horiemon's Words of Wisdom

孤独と真剣に向き合えば負のループを断ち切れる

僕は、逆境に強いんじゃない。

真面目に、寂しさと向き合ってきただけだ。

失敗から抜け出せない、負のループが止まらないという人の多くは、寂しさへの耐用力が弱い。寂しいのが嫌だから、家族や仲間に寄りすがって、救いを求めてしまう。

仲間は一時の寂しさを紛らわすかもしれないけれど、壁を壊してはくれない。

もし本気で、負のループを断ち切りたいのなら、まず自分の孤独と真剣に向き合うべきだ。

006 Horiemon's Words of Wisdom

パンツは自分で買え

パンツは自分で買え。

2枚1000円で売っている、ユニクロのパンツでもいい。自分の身に着けるものを、自分の感性で選ぶという思考の機会を失ってはいけない。

ドン・キホーテに行けば、D&Gやアルマーニといった名だたる高級ブランドのパンツだって3000円程度で手に入る。君の収入からすれば、贅沢品に該当するだろうが、高級ブランドを身に着けることで、意識は確実に変わるだろう。たった3000円の投資効率としては悪くない。

007 Horiemon's Words of Wisdom

世界の広さを知れば自殺はバカバカしくなる

たとえば、イジメを苦に自殺してしまう中高生がいる。結局それは、世界が家庭と教室の中にしかないからなのだ。そこで「世界ってもっと広いんだ」と考えられたら、全然違ってくるだろう。そこを見ることができないのは教育の問題でもあるし、やっぱりかわいそうに感じてしまう。彼らに、もっと広い世界があることを教えてあげれば、死ぬことがバカバカしいことだと思えるようになるはずだ。

008 Horiemon's Words of Wisdom

謙虚にしてもいいことはない

すでに時代は移り変わっている。謙虚にすることによって得られるメリットなんて何もない。

元来、謙虚にする目的は、みんなが共に生きていくための意識だったはずなのに、本来の目的から外れて、この道徳を守ること自体が自己目的化してしまっている。

今では、そういった道徳・倫理観を破ることに対するタブーしか残っていない。それゆえ、私のように謙虚ではない人間を見ると、ただそれだけで嫌悪感を抱くことになるのだ。

なぜ謙虚にしなくてはいけないのだろうか？

その理由を明確に説明できる人なんていないだろう。

009 Horiemon's Words of Wisdom

僕の役割は夢を見せること

僕は、夢を持つことが今いちばん大事だな、と思っている。夢が生まれない仕組みを改善することも、もちろん大事なんですけど、僕の役割はおそらく夢を見せることだろうと思っているんです。僕がいちばん得意で、根っからやりたくて、しかもみんなに対してもプラスになること。それは、そんなビッグな夢をいくつか用意して、実際に実現することだと思う。

010 Horiemon's Words of Wisdom

大きな関門を作り、超えろ

人間にできないことなんて何もない。
自分で大きな関門を設定し、それを越えろ。
そうすれば必ず大きな自信がつく。

011 Horiemon's Words of Wisdom

多様な視点を持ってこそ人間

人生一度きりしかないんだから、もっといろいろなことやろうよと思うんですよ。１つの組織に何十年も勤める画一的な生き方が、僕は正しいとは思えない。何かイビツなものを感じていて。やっぱり多様な視点を持ってこそ人間だと思うので。

012 Horiemon's Words of Wisdom

軽い手抜きで後悔する人は多い

【浅漬けからO157感染、死者6名】

正直なところ「食品とかを扱う会社は怖くて経営したくないな」って思う。これと同じような考えをもつ人が増えるんじゃないかな。

特売により量が必要となり、消毒用の塩素を半分しか入れられなかったのが原因らしいが、意図的というより現場の手抜きみたいなもんだな。これをやっていた人たちは軽い気持ちだったんだろう。今回の事でムショに入ることはないと思うけど、一生針のむしろだよね。刑務所にいるとそんな人生の〝軽い手抜き〟で後悔している人をよく見かける。

013 Horiemon's Words of Wisdom

皮膚感覚で嫌なものは、絶対に断れ

あの場面で頭を下げなかったことで、僕は自分が築き上げた会社も社会的地位もごっそり失ってしまったわけだが、まったく後悔はしていない。

皮膚感覚で嫌だということを、受け入れてしまった後の後悔は、何億円稼いだって拭えるものではないだろう。

「大人になれ。後でいい思いをさせてやるから」という甘い誘惑で、オヤジたちは若者から「嫌」の感覚を奪っていく。これはとても危険な洗脳だと思う。

皮膚感覚で嫌なものは、絶対に断るべきだ。

複雑な時代を生きていても、そこだけはシンプルであるべきではないか。

014 Horiemon's Words of Wisdom

納得いかなきゃ闘い抜け

納得のいかないことに対しては徹底的に、最後まで闘い抜くという私の姿勢を崩したくはない。ここで自分のスタンスを変えるのは生き方として良くないと感じている。

015 Horiemon's Words of Wisdom

受験に落ちたことを考えても無駄

滑り止めの大学の願書だけはもらっていたが、書くのも面倒くさいし、「まいっか、東大しかどうせ行かないし」と思って、東大のだけを書いて終えてしまった。

とはいえ、そのときの自分に絶対の自信を持っていたわけではない。けれど、落ちたときのことを考えても、意味もなければ楽しくもないので、そんな無駄なことはせずに自分を追い込んで、集中してやっただけだ。

東大合格は、私にとっては、成功体験として絶大な自信となった。

016 Horiemon's Words of Wisdom

思考停止した瞬間、オヤジ化する

モテる気を失うと、仕事着は1万円の吊るしのスーツでいいやと思ってしまう。安いスーツほど、つまらない服はない。無個性だし、どういうわけか着ている人のやる気を急速にしぼませる。太っていてもそれなりに見栄えが良くなってしまい、腹をひっこめる努力をやめさせる。

017 Horiemon's Words of Wisdom

保守思考は大損を招く

これからの時代、いままで当たり前だった保守的な家族の形は急速に変化していきます。なにも考えずに結婚して子どもを何人もつくり、車を買って家を買って生命保険に加入して教育にお金をかけて……とこれまでと同じようにやっていては知らぬ間に大損をしてしまうでしょう。

思考停止が一番ラクですが、それでは変わり続ける世の中に翻弄《ほんろう》されるだけです。ゼロベースで発想を転換し、充実した人生プランを持って家族の形から見直してみる必要があるとボクは考えています。

018 Horiemon's Words of Wisdom

万が一に備えて人間関係を豊かに

ボクは生命保険を勧めませんが、個人で病気や怪我のリスクをヘッジする保険に入ること自体は否定しません。しかしその確率は20〜40代では普段から適度な運動をし、定期的に健康診断を受けていればかなり低くなります。そして万が一のときに備えて家族や親族、友人に助けてもらえるように人間関係を豊かにしておくことのほうが大切です。

019 Horiemon's Words of Wisdom

死は存在しない

すでに私の中で、死ぬということは前提にない。死は私の中からはないことになっている。常に消していく作業をしているのだ。

020 Horiemon's Words of Wisdom

満足したら思考が停まる

正直、僕ぐらいの知名度があれば、地方の講演会をこなして、1ヶ月100万円ほどのギャラをもらって充分に生活することはできる。どこかの会社のコンサルタントをしてもいいし、ブログを書いているだけでも、アフィリエイトなどでそこそこ収入は入ってくる。

でも、その程度の人生で満足したくない。

ここでいいやと満足したら、思考停止が始まってしまう。

021 Horiemon's Words of Wisdom

ライバルは多いほどいい

同じ土俵で話ができるライバルは、多いほどいいに決まっている。人間は切磋琢磨ができる動物なのだから、ライバルがいればいるほど記録がよくなるものなのだ。

022 Horiemon's Words of Wisdom

ピンチを平然と受け入れろ

ピンチなんてものは言ってみれば、川の流れに身を任せていたら、滝があってそこに落ちていっているようなものだ。滝から落ちている最中に、「どうしよう」と考えても何も手の施しようがない。ただ、そのまま落ちていくしかない。落ちるところまで落ちていけば、後のことはどうにかなる。

結局は、そうしたピンチのときに狼狽《ろうばい》しないことが大切で、「これは当たり前なんだ」と思えるかどうか。安定している状態こそ、不自然だと思わないといけないのだ。

023 Horiemon's Words of Wisdom

安定を保つのは難しいと心得る

物事というのは、安定している状態を保つことが一番難しい。

たとえば、コップの中の氷は、いつかは溶ける。固形の氷の状態にとどめておけず、その形を残しておくためには、冷凍庫に入れるしかない。つまり、同じ状態をとどめるためには、ものすごくエネルギーが必要だということだ。

人生も同じで、普段からそう考えているべきなのである。

024 Horiemon's Words of Wisdom

誰もやらないから私がやる

私は人類の未来の希望のために宇宙開発事業に投資している。
誰もやらないから、私がやるのだ。

025 Horiemon's Words of Wisdom

あらゆるシーンで時間の最適化を

私はあらゆるシーンで時間の最適化をしている。

家では掃除も洗濯もしない。すべてハウスメイドにお願いしている。掃除も洗濯も、私にとっては何も生まないからだ。

スーパーにもほとんど買い物に行かない。買い物はほとんどインターネットでする。時間もかからないし、ポイントもたまる。

外出する際にも、小銭入れは持たない。その代わり、携帯電話に電子マネーを全種類入れてある。コンビニに行っても、電子マネーで支払いをすると、おつりをもらう時間がセーブできる。これは結構便利である。

都内を移動する際には、すべてタクシーに乗る。タクシーで時間がセーブできるし、乗っている間に携帯で電話もできるし、ほかの作業ができる。

026 Horiemon's Words of Wisdom

自分の中の流れに身を任す

世の中の人たちからみたら、私は川の流れに逆らって生きているように思えるかもしれない。しかし、私はほとんど流れに身を任せているにすぎない。すべてが流れの中でできていて、自分からなにかをしようと思うことはあまりないのだ。

それは、周りに流されるということではない。この流れは、「自分の中の流れ」であって、ほかの人の流れとは関係ないのだ。

027 Horiemon's Words of Wisdom

「持ち家＝幸せ」は本当か

高度成長期に多摩《たま》ニュータウンなどの郊外型の住居が大量に開発されましたが、高齢化が進み、ゴーストタウン化しようとしています。豊洲《とよす》など再開発地域にどんどん高層マンションができ、都心回帰《かいき》現象が起きている時代に、わざわざ通勤に不便な場所に居《きょ》を構えたがる人は少ないでしょう。逆に言えば、一度家を買ったらそこからなかなか動けなくなってしまう。いまのように変化の激しい時代においては、「持ち家＝幸せ」という既存の価値観だけでは対応しきれなくなっています。

028 Horiemon's Words of Wisdom

人と違ってこそ道は開ける

そういうワケでボクは起業をしましたし、その選択は間違っていなかったと思います。就職する生き方が当たり前とされる社会で、その〝普通〟から逸脱することは子どもの頃から受けていた教育に真っ向から反することです。多くの人はその選択肢をとれないとは思いますが、「人の行く裏に道あり花の山」という格言の通り、人と違ったことをするからこそ道は開けるのです。

029 Horiemon's Words of Wisdom

才能を活かさないのは冒瀆

誰にも憎まれず、仲間の顔色をうかがって、もっと手に入るはずの稼ぎをみすみす逃しながら、できる努力を敢えて抑えて生きることに、どれほどの意味があるというのだ？

自分が持っているパフォーマンスを最大限に活かさないのは、人が持って生まれた才能に対する冒瀆《ぼうとく》だと考えている。

030 Horiemon's Words of Wisdom

地の不利を言い訳にするな

たまに「地方に住んでいるから、情報が遅い」みたいなグチを言う人がいる。たしかにインターネットやメディアが発達したとはいえ、今でも東京と地方では、情報の差が当然ある。だから、地方にいたら不利に決まっている。

だとしたら、情報を素早く得るために、東京に来ればいい。それもせずに、情報が遅いといっていても、それは怠慢でしかない。

031 Horiemon's Words of Wisdom

勝負で引くのはアホらしい

僕らはフジテレビからさらに440億円もらいました。これがいけなかった。結果的には「無条件降伏しろ。フジテレビからカネを取るな。買った値段で売り戻せばすべて解決する」という正木烝司《じょうじ》さんの言い分が正しかった。僕はそのアドバイスを聞かなかった。孫さんは誰かのアドバイスを聞いた。たぶんその違いでしょう。今思えば、まあそれが失敗ですけど、でもそこで引けないでしょ。一生に何度かしかない勝負で引いたら、アホらしいじゃないですか。

032 Horiemon's Words of Wisdom

覚悟を決めた個人は国家より強い

個人というのは実は強いんです。それはもう、ベトナム戦争のベトコンの時代から明らかになっていたんじゃないかと思うんですよ。覚悟を決めた個人は国家よりも強い。それが今は科学技術の発達と情報の流通によってさらに強固なものになっている。

033 Horiemon's Words of Wisdom

「やれない」との思い込みを捨てろ

本来、やりたいことを見つけることは、それほど難しいことではないはずだと私は思う。極端な話をすれば、やりたいことが見つからないというのは、やれないと単純に思い込んでいるだけだ。

私にはやりたいことがたくさんある。宇宙ビジネスはその1つで、みんなが気軽に宇宙に行けるようにしたいと取り組んでいる。

そうした話をすると、「そんなの民間では無理」「生きているうちに実現するなんて不可能でしょ」などと言われる。なぜそのように考えなくてはいけないのか。

そもそも、みんな宇宙のことは大好きでしょ？「宇宙に行ってみたい」と思わない？

034 Horiemon's Words of Wisdom

素晴らしい異性に出会うチャンスは無限にある

今よりも素晴らしい女性に出会える可能性は、絶対にゼロにはならない。出会いは無限にあるのに、子どもがいないのに、どうして婚姻届を出したんだろう？

今持っている大事なもの、つまり、婚約者を手放すのは、リスキーな賭けだと思っているのかもしれない。しかし、その発想こそリスキーだ。

人生に無限にある快楽と幸福のチャンスを、自ら失っている。

035 Horiemon's Words of Wisdom

安月給に疑問を持て

若いときには安い給料でこき使われるのだ。明らかに損である。なぜ、そのことに疑問を持たないのかが、今でも私には理解できない。

「周りがみんなやっているから」というだけ。周りに流されているだけなのだ。なぜ、自分で考えないのだろう。私は1つひとつ、こだわりを持って考えてきた。常に仕組みを考えて、納得したうえでいろいろなことをする。考えた方が得なのだ。

036 Horiemon's Words of Wisdom

東大生というだけで信用される

そこで東大の威力を思い知った。当時、社員数もほんの数名で、名前も知られていない小さな会社だったのだが、「東大生なんですよ」と言えば、「ああ、仕事任せてみるか」「優秀なんだね」となるのだ。何も言わなくても、それだけで信用されるのだ。それ以来、東大ということがずっと役立っている。

037 Horiemon's Words of Wisdom

物事の仕組みを自分の頭で考える

車を買うにしても、私は基本的に中古車しか買わないようにしている。車というのは、一度乗っただけで、3割価値が下がるといわれている。それほど新車と中古車の価格は違うのだ。だったら、中古車でいい。中古車だってローンは組めるし、ずっと得である。

新車にこだわる人は、「他人がちょっとでも乗った車は嫌なんだ」という。しかし、その人だってタクシーに乗るだろう。電車に乗ったら、いっぱい人が乗っているではないか。なぜ、マイカーだけは「自分だけのもの」でないといけないのか。

車ひとつをとってみても、自分の「論理的思考能力」で考えた方がいい。1つ1つのことの仕組みを自分の頭でしっかり考えることが大切だ。

038 Horiemon's Words of Wisdom

ロケットも大量生産

私が宇宙開発をしようと考えた理由は、もうひとつある。宇宙へ行くための価格を抑えれば、もっと多くの人が行けるようになるのではないかと思うのだ。技術的には、宇宙に行くのはそれほど難しいことではない。特に有人で宇宙に行こうとするなら、実のところお金さえ払えばだれでも行けるのである。ただ、それが少しばかり高すぎるだけの話なのだ。それなら、宇宙へ行く価格を安くすればいい。

ロケットだって工業製品だ。価格を安くするには、大量生産すればよい。工業製品を大量生産すれば安くなる、というのはごく当たりまえの話である。

039 Horiemon's Words of Wisdom

ネクタイはちょんまげと一緒

江戸時代のちょんまげって、あれ、明らかにおかしいじゃないですか（笑）。なんであんな髪形をする必要性があるんだって。ネクタイもそれと同じことですよね。

あるいは中国の清朝時代の弁髪《べんぱつ》とか纏足《てんそく》。「おかしいでしょう、それ！」って（笑）。今、ちょんまげにしろとか、弁髪にしろって言われたら誰だってイヤでしょう。同じ理由で僕はネクタイやスーツなんかイヤだもん。

040 Horiemon's Words of Wisdom

論破される方が悪い

格差とかを声高に叫んでいる人を見ると「なんなの？」って思うことがあるのね。で、ぐぅの音も出ないぐらい理論で返すと、「攻撃しやがって、このヤロー」みたいに思われる。でも、「それは論破されるあなたが悪いんでしょ」って思うの。論理に一貫性がないから論破されるわけであって、それは仕方がないんじゃないのかな、って思うんだけど、それは気持ちの面で嫌なだけなんだよね、きっと。

041 Horiemon's Words of Wisdom

時間の密度を高める

時間は有限なのだ。その時間をいかに効率的に使うかが大切になる。そのためには、とにかく集中することだ。

何かをやり遂げるために必要な時間自体を短縮することはできない。だが、その時間の密度を高めることはできる。

つまり1日は24時間しかないわけだから、8時間は睡眠にあてるとして、残りの16時間をいかにうまく使えるかがカギとなるのだ。

042 Horiemon's Words of Wisdom

サーフィンの素晴らしさ

保釈から1ヵ月ほどが経ったころ、サーフィンに誘われた。それまで波乗りなんてやったことがなかったのに、である。最初はおっくうがっていた私なのだが、一度波乗りをしてみたら一遍に認識が変わった。海はすばらしい。波に揺られていたら、事件のことも忘れられた。サーフィンは予想以上に体力を消費するので、食事も美味《おい》しくなった。しばらくの間、週1ペースで海に行っていたと思う。

043 Horiemon's Words of Wisdom

ゴルフは自分との戦い

私がゴルフにハマったのは、痩《や》せるためだけではない。「ゲーム」としての面白さにも気づいたからだ。

ゴルフは自分との戦い。4人で回っていようとも、結局は自分との戦いだ。それが性に合っていたのである。また、ゴルフ場はプライバシーが守られる。私がゴルフ場に出没しているということが、従業員からリークされることはまずない。4人一緒に、個室でラウンドしているようなものだ。

044 Horiemon's Words of Wisdom

ゆとりの時間は愚かしい浪費

よく人からは、「堀江さんは短時間で、よくあんなに成功できましたね。どうしてですか?」と訊かれるが、そう問う側が多少なりとも「ゆとり」の側の発想をしているので、それはですね……と説明しても話がちっともかみ合わず、イライラすることが多い。

時間は有限なのだ。

何もしない「ゆとり」の時間なんて、本当に愚かしい浪費だ。この世で最も貴重なのは時間なのだ。

045 Horiemon's Words of Wisdom

酒食に金をケチってはいけない

ライブドアの社長になってからは、酒食にはお金を惜しみませんでした。ボクはあまり物欲がないほうなのですが、食事に関しては日本料理から世界各国の料理まで最高のレストランで食べてきました。食は文化であり、歴史を知ることができます。

これらはのちに小説を書くのにも役立っていますし、まず日々の生活が豊かになります。同時に、酒食にお金を費やすことで一番得られるもの、幅広い人脈ができました。おいしい料理とお酒に囲まれると多くの人は上機嫌になり、普段得られないようなコミュニケーションがとれます。

そんなコミュニケーションから新しい発想が生まれ、ひいてはお金に結びつきます。すべてにお金をケチってはなにも生まれません。

Chapter 2

仕事の流儀

046 Horiemon's Words of Wisdom

「何がしたいのかわからない」のは出来の悪い人

「何がやりたいのかわからない」というのは、迷っているのではなく、ただの出来が悪い人だ。自分探しは会社ではなく、他の場所で済ませてから来てほしい。

047 Horiemon's Words of Wisdom

とにかく何でも「できますよ」

ボクは大学時代に会社を立ち上げて営業成績を伸ばしていきました。いち学生が23歳のときになんの後ろ盾もなく起業して営業成績を伸ばしていけたのは「できますよ」のひと言にありました。

まだまだ小さな人脈をたどってようやくゲットできた取引先。追加の仕事の打診が来た際に大事だったのは、断らないことでした。もちろん到底できないような仕事は断りますが、先方もある程度は見る目があり、絶対に無理なことは頼んできません。少しでも背伸びをすればできるようなことは「できます。やります」とかならず言うようにしていました。

048 Horiemon's Words of Wisdom

徹底した準備が恐怖を打ち消す

恐怖を取り払うのは思考しかない。

ビジネスを始めるに当たっての事前情報が足りているか？　市場の現況、仕入れルート、商品の知識、損益分岐など、徹底的に考え抜いているか？　自分のキャパシティの中で、いかにして稼ぎを生み出すか、思考に思考を重ねているだろうか？

これ以上、手は尽くせないというところまで準備できているのなら、恐怖感は薄れていくだろう。

049 Horiemon's Words of Wisdom

常に行動と提案を

この時代に必要なのは、行動と提案だ。

上司や仲間と飲みに行って、何となく仕事を回していればOKな時代はとっくに終焉した。

とにかく、提案しろ。思考を続けろ。

最初はどんな提案も、若僧の絵空事と思われて、上司には冷たくあしらわれるかもしれない。

けれど、大丈夫だ。

自分の頭でものを考えている人の話は、いつか必ず誰かが耳を傾けてくれる。

逆に言うなら、自分の頭で考えている者を無視するような会社だったら、さっさと辞めてしまった方がいいだろう。

050 Horiemon's Words of Wisdom

小さくても組織の長になれ

若者がこれまでのような高い給与水準を享受しようと思うならば、グローバルで通用するスキルを身につけるしか方法はありません。日本の大企業に就職したらOKなんて時代はとうの昔に終わっているのです。

いまや大手企業も潰れる時代です。大きなドロ舟に乗って一生を過ごすか、それとも小さいけれども自分で舟を漕《こ》いで人生を送っていくのか。迷っているあなたに古い中国の諺《ことわざ》を贈ります。

「むしろ鶏口《けいこう》と為《な》るも牛後《ぎゅうご》と為る勿《なか》れ」

大きな組織につき従って軽んぜられるよりも、小さな組織の長となって重んぜられるほうが良いということです。

051 Horiemon's Words of Wisdom

失敗のイメージが失敗を引き寄せる

失敗したときのことなんかよりも、成功するためにどうするかを前向きに考えなくてはいけないのだ。失敗したときは失敗したときで、そのときに考えればいいだけの話だ。

行動する前から失敗することなんて考えているから、自分から成功への道筋をはずれて、バランスを崩し、失敗を引き寄せてしまうのだ。

失敗するイメージなんて、捨ててしまったほうがいい。

052 Horiemon's Words of Wisdom

重大な決断に感情は不要

私は元経営者として重要な決断には感情を入れない、と自分を律してきた。
感情的に決めると、たいてい、ろくでもないことになるからである。

053 Horiemon's Words of Wisdom

つまらない仕事を無理してやるな

仕事をするなら、後ろ向きなつらいことをあえてやる必要はない。つらい仕事といっても、前向きな苦しさなら楽しさにつながる。しかし、お金を得るためだからといって、つまらない仕事を我慢してやる必要はまったくない。

どうせ生きるなら、楽しく生きたほうがいい。生き方はみんな自由でいいと思う。仕事自体を楽しみながら、お金を稼げる仕事がいくらでもあると思うのだ。「仕事は苦労が伴うものだから、我慢しなければならない」というのは、古い倫理観にすぎない。

054 Horiemon's Words of Wisdom

資格より合コン

いまの日本には男女を問わず、履歴書に少しでも多くの資格を書いて有利に就職活動を進めようとしている人たちが大勢います。でも、そんな活動は結局、「安心」を得たいだけの自己満足です。

それならば、むしろ合コンのような飲み会のほうが、よっぽどよい投資だったりします。男性ならば、女性と会うだけの場だと思っていてはなにも生まれません。会話の節々にアンテナを張ってみてください。彼女たちのライフスタイルを学ぶと、意外なビジネスの種が見つかったりするものです。

055 Horiemon's Words of Wisdom

目標は短期間で成し遂げる

大切なのは、その目標をできるだけ短期間で成し遂げることです。社会が目まぐるしい速さで変化するいま、数年後に社会情勢がどう変わっているかは誰にも予測不能です。だからボクは1、2年先の目標しか立てません。

056 Horiemon's Words of Wisdom

勝つためには相手を知る

僕は、ある程度大切な仕事で、初対面の人と会う場合、相手の名前が事前にわかっていれば、必ず事前にグーグルで検索することにしている。それはウィキペディアに載っているような著名人だけでなく、一般企業の勤め人相手だってそうだ。

このネット時代、メディアは著名人のものだけではなくなった。ごく普通の人物が、意外なところで活躍していたり、逆に悪評が立っていたりする。5分もかからない作業である。たったそれだけの事前情報で、会話はずいぶん楽しく弾むし、探入りするとまずい人物に対するリスク回避にもなる。

057 Horiemon's Words of Wisdom

自分を売り込む「営業力」を

商売とは「モノを売って利益を出すこと」だ。

そしてモノを売るためには営業しなければならない。当たり前のことだが、このことがわかっていない人は意外に多い。「いいモノを作ってさえいれば、人は集まってきて、モノが売れる」と本気で思ってしまっているのである。

仕事を通して信用を築くのも同じことだ。どんなにいい仕事ができる能力を持っていたとしても、その能力を売り込むことができなければ、何も価値は生み出せない。

だから、信用を得るためには、自分を売り込む「営業力」が不可欠なのだ。

058 Horiemon's Words of Wisdom

スピーディーなバカになれ

いいアイディアが思いつかないから、次の一歩を躊躇する。

これが一番、ダメだ。スピードが落ちる。

スピードが落ちるということは、人生を後ろへ巻き戻すことに等しい。

適切な言い方ではないかもしれないが、起業はスピーディーなバカほど成功するのだ。バカは頭が良くないから躊躇しない、というか躊躇という概念がきっぱりない。

会社を立ち上げて、まあまあうまく回せている起業家を見てほしい。いい意味で、けっこうバカな人が多いだろう？

バカは全力ダッシュのまま、ハードルを越えられる。ハードルを倒したときの怪我とか怖さを知らないから、ためらったりしないのだ。

059 Horiemon's Words of Wisdom

ひとつの仕事に縛られず、いろんな体験を

そもそも人生でひとつしか仕事をしないのは、時代遅れだ。

職業はたくさん経験した方が、絶対に刺激的だ。

今の僕も、「堀江さんの現職は何ですか?」と訊かれるけど、うまく答えられない。会社も経営しているけど、ロケット事業や作家、コラムニストに評論家にミュージカル出演に……どれも楽しくやっている。シンプルに実業家と呼ばれるけど、しっくりきているわけではない。そう呼びたければどうぞ、ぐらいのものだ。

ひとつの仕事に没頭するより、いろんな体験をできた方が、楽しくはないか?

060 Horiemon's Words of Wisdom

普段から信用への投資を

「信用」に普段から役資しておくことが大切です。お金に頼らず、むしろそれを生んでくれる信用があれば、いざあなたが困ったときに誰かが助けてくれます。いま、刑務所で過ごしているボクですが、多くの友人・知人が手紙を送ってくれたり、面会に来てくれたりします。こればかりは、お金で買えないものです。隔離された空間に閉じ込められているからこそ、ボクはいまあらためて信用の大切さを実感しています。

先の見えない混迷の時代。無意味な貯金や生命保険にお金を費やすなら、家族や友人との関係を深めるほうがよっぽど意味があります。あなたも「信用」への投資を忘れずに続けてください。これが、獄中からボクが皆さんへ贈るメッセージです。

061 Horiemon's Words of Wisdom

人から聞いた印象を信じるな

人に対する情報は、フェイス・トゥ・フェイスでやるのが基本である。情報は、現場で取るのが基本。特に、人に対してはそうである。自分が相手と会って、話して初めて相手のことが分かるのだ。

人から聞いた印象を信じてはいけない。フェイス・トゥ・フェイスで意見交換しない限りは、やはり断定的な表現は避けるべきだろう。

062 Horiemon's Words of Wisdom

お金を借りて時間をセーブする

人生は長いようで短いものです。お金を借りることで貯める時間をセーブすることもできます。状況分析をせず、ひたすら貯金に時間をかけるのは愚の骨頂です。

フリーターや契約社員、正社員でもギリギリの生活を送りながら爪に火を点《とも》すように節約して貯蓄をしている人もいますが、これも間違った考え方です。収入が少ない中で貯蓄したところで、たいしてまとまったお金になるはずもありません。

だったらそんなお金は使ってしまって、そのプロセスから学んで新たなビジネスを立ち上げたり、副業を持ったりするほうがいくらかマシでしょう。

063 Horiemon's Words of Wisdom

他人がやっているからと安心するな

起業でひとつ、失敗するパターンを教えよう。

他人がやっていることに、〝安心〟することだ。

「この事業は○○さんが当てているからイケる！」と思うと、危ない。自分の思考でビジネスを進めるのではなく、成功例をなぞりはじめる。だけど時代も市場も常に変動しているから、たいてい失敗へと転落していくのだ。

スタートは模倣でもいいけれど。

自分の思考を止める危険があるから、安心は捨てるべきということだ。

064 Horiemon's Words of Wisdom

名刺ひとつから工夫を

名刺というのは、初対面同士にとって最初の営業ツールである。名刺を渡すとき、まずはトークから始まる。細い名刺を渡すだけで、「どうして、このサイズの名刺なの？」と取引先の人に尋ねられて、話題ができる。「これは変わった名刺だね」という話から始まり、細い名刺にした経過に至った考え方自体が「ユニークだ」と評価されることだってある。

名前や会社名も覚えてもらえる。それで取引の話がスムーズにいき、まとまることだってあるのだ。

名刺など、いくらでも自由に作れるのだから、少し考えて工夫してみるといい。名刺ひとつから「ひと工夫できる会社」と思ってもらい、「面白いから、新しい発想が出てくるかもしれないなぁ。じゃ、仕事を頼んでみようか」というポジティブフィードバックがあるのだ。

065 Horiemon's Words of Wisdom

自分の望む働き方・生き方を

人によっては必要最低限だけ働いて、あとはバカンスや子育て、あるいはボランティアをするなど、さまざまな「働くスタイル」があっていいはずです。

自分でフリーターというライフスタイルを選択している若者がいまもたくさんいます。夢をかなえるため、あるいは半年働き、半年海外を旅して回るなんて暮らしをしている人もいます。自ら望んだ働き方・生き方ならば、ボクは世の中の道徳に縛られてあくせく働く必要などないと思います。

066 Horiemon's Words of Wisdom

就職は本当に正解か

同級生たちが次々と就職していく中、日本で最高学府と言われる東大の卒業生の初任給が高給取りのマスコミでもせいぜい30万円に届くかどうかという事実を知って（ある程度は想像していたものの）、愕然《がくぜん》としてしまいました。もともと就職する気はゼロだったのですが（親がサラリーマンで薄給だったため）、「こりゃ就職したら損だな」ということでさらに意欲が失せて就職活動をまったく行ないませんでした。すでにアルバイトでそれ以上の収入を確保していたボクは就職する意味を見出せなかったのです。

067 Horiemon's Words of Wisdom

「仕事がない」は本当か？

みんな「仕事がない、仕事がない」とか言っているけど、よくよく聞くと「いや、あそこはなんか条件悪いし」みたいなことを言うんだよね。「選ぶ自由はあるんだ、自分には」みたいなことも言うわけ。

068 Horiemon's Words of Wisdom

スタートは早いほどいい

もし僕が東京に住んでいたら、アスキーとかでバイトしていたと思うんです。で、アスキーの西和彦《にしかずひこ》さん（元マイクロソフト副社長、ビル・ゲイツのパートナー）とか成毛眞《なるけまこと》さんとか古川享《ふるかわすすむ》さんに会って、高校生くらいで会社をつくっていたと思います。そのほうがよかったと思いますよ、3年早くできたんだから。

069 Horiemon's Words of Wisdom

ハッタリも方便

ハッタリを言うこと自体は悪いことでもなんでもない。単純に、相手を信用させればいいだけのことだ。

もちろん過度につけ込みすぎては詐欺になってしまうこともあるわけだが、その基準なんてものも本当はない。結局、信用はそれほどあいまいにできていて、そのあいまいさが信用における価値を最も生み出す部分であり、重要な部分なのだ。そこを使わない手はない。

070 Horiemon's Words of Wisdom

古い仲間は切り捨てていい

さまざまな成功を重ねて、自分がレベルアップしていくとき、古い仲間は切り捨てていいものだと考えている。レベルアップする以前の仲間と一緒にいるのは、停滞でしかない。

確かに何年も同じ仲間とチームを組んで、成功している実業家もたくさん知っている。

だが僕の見た限り、仕事上の成功は別にして、古い仲間と一緒にいることの実利的な見返りが、それほどたいしたものではないように思えるのだ。

071 Horiemon's Words of Wisdom

アイディアよりも実行力を

アイディアよりも圧倒的に大事なのは実行力だ。

思いつきより、考えたことを努力して、形にした人が本当に評価されるのだ。

この国では、最初の一歩を踏み出した人が賞賛される向きがあるけど、本当の未来を切り拓くのは、アイディアを体系化できる能力を持った人だろう。

072 Horiemon's Words of Wisdom

ベストの決断は痛みを伴う

良薬口に苦《にが》し。ベストの決断は、たいてい痛みを伴う。心情的には腹が立ってしょうがない。しかし、感情を排して合理性から導かれた決断は、結果的に最大多数の幸福につながっていく。

073 Horiemon's Words of Wisdom

異業種交流会はただの名刺収集会

異業種交流会は、僕に言わせればただの名刺収集会だ。名刺を集めるのが喜びだという奇特な人は（本当に実在するらしい）別にいいだろうけど、本気でビジネスを広げたいと考えている人には、行くだけ時間の無駄だ。

074 Horiemon's Words of Wisdom

仕事は娯楽である

ＩＴ産業は、クリック１つで大きなお金が動く。だから世間からはあまり労働とはみなされていないという意見もあると聞く。私は労働であるとみなされないなら、娯楽でいいと思う。批判する人たちのしている仕事だって、娯楽ではないか。しょせん、農林水産業以外の仕事はみな娯楽なのだ。

「仕事は娯楽である」という意識を持てば、人生観も変わってくる。楽しく生きられるようになる。つらく苦しい仕事を我慢して生きる必要は、何ひとつないのだ。

075 Horiemon's Words of Wisdom

パワポよりキーノートを使え

単純にプレゼンに変化をつけたいのであれば、プレゼンのソフトとして相変わらずスタンダードなパワーポイントを使うのはやめるべきだろう。

誰もが使っているものではアピールにならない。僕はジョブズを絶対視はしないが、彼が自分のプレゼンテーション用に作ったアップルのキーノートはお勧めしている。

単純な理由だ。パワーポイントより、ずっとユーザインターフェイスも使いやすいし、何よりも大きなメリットは、現時点ではパワポより新しいことだ。

キーノートとiPadでプレゼンすれば、それだけで相手の記憶に残る。一歩のリードとしては大きいし、最新のガジェットを使いこなせる人物という印象も与えられる。

076 Horiemon's Words of Wisdom

財務を知る者は就職に強い

独立を一度でも経験しておくと、ビジネススキルが飛躍的にアップする。わけのわからない講師を招いた勉強会なんかに、100回通っても得られない有用な知識を得られるのだ。

具体的には、お金の流れが把握できる。

仕事を受注して、いくらの経費や事務手数料がかかって、いくらの利益をはじき出すのか。独立すればそういった財務管理能力が身につく。

財務のことを詳しく知っている人材は、どこの会社でも引っ張りだこだ。もしも失敗したとき、再就職はすぐできる。

077 Horiemon's Words of Wisdom

中途半端な起業はするな

先に言っておこう。

週末起業はお勧めしない。

成功するかどうか以前に、中途半端な起業は、得るものがないのだ。

今の仕事に不満を持っているなら、まず完全独立をするべき。忙しい毎日の中で、週末起業を計画するチャレンジ精神があるならできるはずだ。

078 Horiemon's Words of Wisdom

社員はいらない

社員の違法行為の監視に目を光らせる手間を考えたら、社員を大勢雇うのはリスキーすぎる。バーチャルオフィスで充分だ。

そもそも事業に、社員なんていらない。

管理コストを払ってでも、他人の手で足りる部署は外注で済ませた方がいい。

今後はさらに、そういう流れが加速していくだろう。

079 Horiemon's Words of Wisdom

農業は巨大な成長マーケット

平和的な外交関係を保ち、各国から分散して食料が輸入できる体制をとればいい。日本人が海外に出て農業することも支援すべきだと思います。農業ってこれからものすごい成長マーケットになると思うんです。なぜかというと、中国って平均年収がどんどん上がっている。食費も当然上がる。今まで月1000円だったのが5000円になれば5倍じゃないですか。そんな勢いで13億の中国人がどんどん食費におカネを使っていく。年に兆円単位でマーケットが拡大していくわけです。中国もインドもそうなるんだから、その巨大マーケットを狙うしかないですよ。

080 Horiemon's Words of Wisdom

ベンチャーなら出世が早い

ベンチャー起業の最大のアドバンテージは、能力があれば出世が早いところだ。

自分の可能性を最大限に活かしたいという人には、向いている。もちろん、福利厚生の厚さは大手企業と比べられるはずもないし、成績を残せない者にとっては「ブラック企業」でしかないかもしれない。

だが、何も持たざる者にとって、これほど恵まれた環境はない。

Chapter 3

カネ

081 Horiemon's Words of Wisdom

やりたいことをやるために稼ぐ

自分がやりたいことに必要だから、おカネを稼いでいます。ロケットもやりたいし、ほかにもやりたいことが、いっぱいありますよ。

082 Horiemon's Words of Wisdom

借金してビジネスの旬に乗れ

消費者金融はともかくとして、ベンチャービジネスを始める際の起業資金についてボクは借金もありだと思います。お金を貯めるより、そのほうが早く始められるからです。人生は短く、そして新しく思いついたビジネスの旬もあっという間です。チャンスを逃さないためにも、貯金をしてからビジネスを始めるより時間を買うという意味での借金は良い借金の部類に入ると思います。

083 Horiemon's Words of Wisdom

お金を使い、やりたいことをやれ

お金を使わず、やりたいことも我慢していて、豊かな生活を送れるはずがない。

084 Horiemon's Words of Wisdom

信用を創造できれば お金はいらない

俺ね、お金って、信用を数値化したものだと思っているんだよね。お金がなくても、ヒルズの最上階の住人と仲良くなって、無料で住んでいるプー太郎がいるって話は前にしたけど、それって、お金持ってるようなものじゃないかなと思うんだけど。お金は信用の裏返しだから、信用を創造することができれば、別にお金を稼ぐ必要はないと思うな。

085 Horiemon's Words of Wisdom

日本にカジノを

すでに日本の富裕層はマカオや韓国、そしてラスベガスなどのカジノに大金を持ち、足しげく通っています。これは、つまり彼らの負けたお金が外貨として流出していることを意味します。すべては日本に合法的なカジノがないためです。

それを阻止するためにもボクは日本にカジノをつくるべきだと思いますし、海外からのお客さんも呼べる沖縄のような理想的な場所がちゃんとあります。

086 Horiemon's Words of Wisdom

「貯金は美徳」に騙されるな

先生も両親も口を揃えて「貯金は大事だ」と言います。「なんで大事なんだ」と言えば、口答えするな、と鉄拳が飛んでくる。まだそういう時代でもありました。

大人になって郵便貯金が国民に普及したのは戦費調達のためのキャンペーンだったと知り、「なんだ、いまの国債を消化するために郵貯のお金を使っているのとなんら変わらないな」と呆れたものでした。「貯金は美徳」という考え方は単に官僚がつくり出したキャンペーンであり、それに多くの人々はずっと騙されているのです。

087 Horiemon's Words of Wisdom

娯楽に使う借金は意味がない

ギャンブルは所詮お遊びであり、当たり前ですが、胴元《どうもと》がかならず儲かるようにできています。庶民は搾取されるのが時代の常で、借金をしてお金を賭けても長い目で見ればその額を返すことはかないません。金融機関はそれをよく知っているので、目的のハッキリしないお金は消費者金融のような金利の高いところでないと貸してくれないのです。

ギャンブルに限らず娯楽に使う借金は意味がありません。借金はあくまでもその金利を払っても元がとれるような場合にのみ活用すべきなのです。

088 Horiemon's Words of Wisdom

保険はギャンブル

保険はそもそもギャンブルから始まっている。イギリスの東インド会社は、17世紀から19世紀半ばまでアジアの貿易を独占していて、香辛料の輸入・輸送で莫大な利益をあげていた。主な輸送手段は航路だ。まだスエズ運河もない時代。ある一定の確率で貿易船はアジア海域で難破したという。その事故の発生を、港のコーヒーショップで、男たちが賭けの対象にしたのが現代の損害保険の始まりだ。ちなみに賭けの場となったコーヒーショップはロイズという店で、その後、世界最大手の保険会社に成長している。

つまり保険の仕組みの原点は、ギャンブルなのだ。

いま保険に入っている人は、誰かの賭けの対象にされているということだ。

君はいま、他人が喜ぶギャンブルのために、毎月いくらかのお金を、何十年も払い続けようとしているんだ。

089 Horiemon's Words of Wisdom

お金に対する過剰反応の理由

お化《ば》けはなぜ怖いのか？

それはお化けがよくわからないからです。よくわからないモノに対して人間は恐れを抱きます。その特性や真実を知らないがゆえの恐怖です。

お金に関しても同様です。金融工学など、経済に関する学問が高度に専門化した現代において十分な知識を学んでいても、お金という言葉に過剰に反応する人たちは実に多いのです。

090 Horiemon's Words of Wisdom

意欲のある若者に投資を

体の自由が利き、そして上昇志向を持ち、新しいビジネスを創造する意欲のある若者に投資をすることです。投資の方法はいくらでもあります。ベンチャー企業でもいいし、中国やインドなどの新興国に投資する手もあります。ポイントは自分がよく知る分野に投資をするということです。それは自分の親族でもかまわないのです。斎藤佑樹《ゆうき》くんや石川遼《りょう》くんは、ご両親の〝投資〟が彼らの才能を開花させたとも言えます。自分の息子や娘の才能を見極め、投資をすることも重要なのです。

091 Horiemon's Words of Wisdom

過剰な預金に意味はない

「貯金は美徳」的な考えで小学生の頃からお金を貯めることしか教育されてこなかったため、お金の上手な使い方を知っている人が少ない。だから、自動車ローンの金利が信じられないほど安いこの時代に、ローンを組まずに現金一括で車を買ったりするのです。確かにビジネスでは「キャッシュ・イズ・キング（現金は王様）」と言われます。現金あるいは預金をある程度キャッシュポジションとして持っておくにこしたことはないですが、年収をはるかに超える預金を持つことには意味がありません。お金を活かしきれていないことになります。

092 Horiemon's Words of Wisdom

思考を伴わない浪費はアホを生む

他人の金をバンバン使うのは、いわゆる倫理面以外からも危険だ。その金を使う行為に思考が伴わなくなるから、どんどんアホになる。その典型が、国の金を湯水のごとく使いまくって、浪費の白痴と化している官僚だ。

君はもっと、会社の経費に対してうるさく言った方がいい。

093 Horiemon's Words of Wisdom

お金がなくても贅沢はできる

私も大学時代はお金がない時期が多かった。2週間で1000円ぐらいしかないときもあったが、それでもとくに貧しいなどと、考えてはいなかった。先輩におごってもらって普通に食事もできたことだって信用があったからだといえるし、お好み焼きであれば1000円で2週間分の材料がそろえられるので、よく作って食べていた。

お金がなくても、創意工夫をすれば贅沢だってできるし、自信を持つこともできる。だからお金に意味なんてあまりない。

094 Horiemon's Words of Wisdom

財布は落としても構わない

財布落としてお金なくなるのは嫌じゃないよ。そんなん別にどうでもいいよ。取り返しがつくしさ。現金なんかせいぜい5〜6万円しか持ち歩かないし、カードは止めればいいわけだし。まぁ、俺のカードを拾って使うヤツは、あんまりいないだろうけど。

095 Horiemon's Words of Wisdom

お金も進化している

所詮、お金というのは経済を回していくための道具に過ぎません。

今後、さらに紙幣や硬貨は電子マネー化し、どんどん便利に、同時に実体がなかなかつかめない道具になっていくでしょう。

お金そのものも進化しているのです。だから、使う人間も知識で武装し、便利な道具として使いこなしていけばいいのです。

096 Horiemon's Words of Wisdom

自己投資ではエグジットを想定する

将来につながる効率的な自己投資とは、どんなものか考えてみましょう。

具体的な例を挙げる前に絶対に考えなければいけないこと、それは明確な自己投資のエグジット（出口）を想定することです。投資家は投資をした会社が上場してキャピタルゲインを得るのか、あるいはバイアウトしてやはりキャピタルゲインを得るのか、それとも継続して大きな利益を出す会社に成長させて配当を得るのか、そうしたエグジットを考えて投資をするのが常識です。

同じように、自己投資も最初に自分を投資対象に見立てる必要があります。どんなスキルを身につけ、それをどのように活かすのか。鉄の意志を持つ人以外、そこまで考えて投資しなければモチベーションは維持できないでしょう。

097 Horiemon's Words of Wisdom

損切りは勇気

もしうまくいかないようであれば、「せっかくここまで努力したのに」と思うよりは、「まあダメだったんだな」と考える程度で、次を考えて行動するようにしている。

損切りのコツは、とにかく勇気を出すことだ。どの段階にきたら、やめたほうがいいのか、自分ではっきりと意識しておくべきだろう。

098 Horiemon's Words of Wisdom

投資するならベンチャー企業

個人的にもっともお勧めするのは、ベンチャー企業への投資です。現在、ボクがオーナーとなっているベンチャー企業でロケットエンジン開発などをはじめとする事業を行なっています。その会社から各種ベンチャー企業などへの投資をしています。

なぜこうした投資を行なっているのか。自分がよく知っている分野へのベンチャー投資が一番リターンが大きいことをよく知っているからです。

099 Horiemon's Words of Wisdom

富は増え続けている

今、日本の社会には閉塞感があるという。その根底には、「限られたパイをみんなで食い合っている」という意識があるのではないか。それがそもそも、根底的な間違いなのではないかと思う。

「有史以来、お金の総量は同じである」という人がいる。限られたパイの「ゼロサムゲーム」だと思っているのだ。ところが、実は市場は、本当はすごく広がっている。有史以来、富は増え続けているのだ。広い意味でのテクノロジーのお陰である。

100 Horiemon's Words of Wisdom

お金は「もらう」ものではない

日本人はお金に関しては貯金をする教育しかされていないから、使うことも、そして稼ぐことも下手です。サラリーマン家庭で育った人が多いことから、お金は稼ぐものではなく、もらうものと思い込みがちです。

そんな固定概念に縛られ、自分の考えを変えられない人たち、つまり自分で物事の本質を見極められない人たちは損をするケースが多く、さらにそれを人のせいにしてしまいがちです。

「われわれはバカ正直にコツコツと働いているのに、労《ろう》せずして大金をつかんだ者たちが自分たちを騙したり出し抜いたりしている……」

そう思い込んだままでは、他人の足を引っ張るというなんとも醜《みにく》い人生を歩むことになってしまいかねません。

101 Horiemon's Words of Wisdom

キャバ嬢は経済を活気づける

いいじゃん。だって、キャバ嬢とかに金を回したほうがいいでしょ？　キャバ嬢がお金を使うサイクルって、めちゃくちゃ経済を活気あるものにするじゃない。ホストにかけるか、バッグ買うか服買うか。あとは、旅行行くみたいな。もう、本当にキレイになくなるまで、彼女たちはお金を使ってくれるじゃない。

102 Horiemon's Words of Wisdom

不動産に本質的な価値はない

不動産なんて、あくまで不動の財産であって、あんなものの値段が上がろうが下がろうが基本的にゼロサムゲームでしょ。そこに本質的な価値はない。そんなものの値段の上下に喜んでディールすることに社会的意義はないと僕は思ってるんです。ＦＸ（外国為替証拠金取引）の業者みたいなもんですよ。

Chapter 4

人・つながり

103 Horiemon's Words of Wisdom

人は誤解する生き物

僕はライブドア事件以降、何事も積極的に自分から説明するようにした。「あなたのイメージしている堀江ではないのですよ。本当の意図はこうなのですよ」と。

人は誤解をする。そこでマイナスの感情を生み出す。すると「ホリエモン」の虚像が巨大化して、僕への敵意が増大していくのだ。

丁寧な説明は、僕にとってはいらない手間ではあるんだけど、仕方ない。ある意味、大事な仕事のひとつだと思って我慢するしかないだろう。

104 Horiemon's Words of Wisdom

人は1回では理解しない

ライブドアの社長をやっていた頃に、部下を叱ることがあって、そのときも、「なんでコイツはこんなに理解力が低いんだ」「なぜ1回言ったことを忘れてんだ」と思うことが何度もあったんです。で、途中で気づいたんですよ。〝人って重要なことは何回も何回も繰り返して言われなきゃ理解ができないんだ〟と。

105 Horiemon's Words of Wisdom

オヤジとは思考停止した人間のこと

初めに断っておくが、僕が本音で定義する「オヤジ」とは、年齢的なものではない。あらゆること――家族との向き合い方や仕事への接し方、服装や体型に至るまで――を、より良き方向へ改善しようとすることを放棄してしまった者たちへの表現だ。

彼らは現状にただ不満を持ち、将来に不安を抱えながらも、そこを打開しようという意思すら奮い起こせない。ただ、誰に向けるともなく不平を口にしているだけだ。それを僕は「思考停止状態」と呼ぶ。

106 Horiemon's Words of Wisdom

駄目出ししてくれる人こそ有益

個人的な好みで言えば、やはり議論しても怖《お》じ気《け》づくこともなく、積極的に知識を駆使して渡り合える人材が好きです。控えめで議論を好まない人とは一緒に働いていても楽しくない。むしろ、どんどんボクに駄目出しをしてくれる人のほうがいいですし、会社にとっても有益な人材になる可能性が高いです。

107 Horiemon's Words of Wisdom

プライドなんて屁のツッパリにもならない

他人にも友人にも気軽に頼れるコミュニケーション能力が必要だ。

だが、若い人は誰かに頼ったり、弱みを見せたり、心を裸にして向き合える人が少ない気がする。

「気軽に頼れる友達なんていない」「友人に申し訳ないし、恥ずかしくて言い出せない」

そう考えてしまう人もいるだろう。

これはプライドが邪魔をしているということか？

そういう人に提言するが、プライドなんて屁《へ》のツッパリにもならない。

相手が自分のことをどう思っているかなんていちいち気にしていたら、何も前進しない。

108 Horiemon's Words of Wisdom

生みの親より育ての親

山崎豊子原作のドラマに『大地の子』というのがあるのね。中国残留孤児の主人公が、ラストのシーンで本当に血の繋がっているお父さんに、日本で一緒に住もうと言われるわけ。でも、主人公は「僕は大地の子です。中国の大地の子なんです」と言って断るんだよ。これを見てもわかるとおり、人間というのは血よりも他者との関係性のほうを本来は重要視するものだと思うのね。なのに、なんでそんなに血にこだわるのかなって。

109 Horiemon's Words of Wisdom

モテないことを受け入れろ

昔は、金もなくてモテなかった。

でもそこで「モテない俺を楽しんでやる！」と、モテなさをとことん受け入れた。するとと不思議と、ぽつぽつとモテ始めてきたのだ。

110 Horiemon's Words of Wisdom

妻に管理されるとオヤジ化が進む

妻に管理される人生なんて、思考停止の最たるものだと思うけれど、そこに幸せはあるのだろうか？

妻の言いなりになっている夫は、ほぼ間違いなくオヤジ化が進行する。僕も結婚している頃はそうだった。肌ツヤはなくなり、髪型もぼさぼさ、着るものにもまったく気を使わなくなってしまった。腹は出て、ため息が増え、疲れやすくなった。家に帰るのが、本当に億劫になった。

111 Horiemon's Words of Wisdom

自信がないから結婚制度にすがる

もし公的に結婚を認めてもらうことで精神的な安定を得たいというのであれば、それは実は結婚には向いていないと思います。そういうタイプの人ほど離婚する可能性が高いとボクは考えています。なぜなら、本人同士の結びつきに自信がない裏返しだからです。やはり経済的メリットが存分に活かせる人ほど、現在の結婚制度には向いていると思います。

112 Horiemon's Words of Wisdom

女性とは長くて3年

共感してもらえるかはわかりませんが、僕の場合、どんな女の子でも長く付き合って3年です。それ以上長く、女性と恋愛関係を続けたことはありません。どうしてかといえば、理由は簡単で、飽きちゃうんです。

不快かもしれませんが、仕方がありません。結局は恋愛関係である以上、セックスで興奮しない限り、その関係は維持できないわけです。

113 Horiemon's Words of Wisdom

金持ちは相手の靴を見る

細かいことを言えば、髪の毛から、ピアスなどのアクセサリーなども気になりますが、とくにお金持ちがよく見ているのが「靴」です。

実際、僕も女性が履いている靴は、よく見ています。センスや、どれくらい履き古しているかなど。

別に高いブランドの靴を身に付けている必要はないんです。ミュールでも、ヒールでも、サンダルでも、何だって構いません。

ただ、そのシチュエーションに合ったお洒落な格好をしているか、ということはいつも気にしているわけです。可愛くて、靴もお洒落だったら、それだけで「この子いいな」と思う。ボロボロの靴だったら、それだけで幻滅してしまいます。

114 Horiemon's Words of Wisdom

人は忘れる生き物

フジテレビを買収しようとしたこととか、選挙に出て落選したこと、ライブドアが事件となって逮捕されたこと、やがてみんな忘れちゃうと思いますよ。記憶ってどんどん上書きされていくので、過去が忘れ去られるなら、これからどんどんいいことをしていって、その時々のいいことだけを憶えてもらっていけばいいやとも思ってるんです。

115 Horiemon's Words of Wisdom

第2世代以降は開拓精神に欠ける

第2世代、第3世代って、やっぱり最初の開拓精神みたいなものはない。成功した上にそのまま乗っかって生きているから。

116 Horiemon's Words of Wisdom

団塊世代は生命力がある

団塊はノーパン喫茶に行ったり、女性を買ったりした人がたくさんいた。東南アジアとかワーッと行きますからね。それも含めて団塊はものすごい生命力があると思う。生命力が強すぎるんで、たぶん90歳とかまで楽勝で生きると、僕は思います。

117 Horiemon's Words of Wisdom

人と同じは一番の損

日本人は「行列マニア」である。並んでいる間、貴重な時間というものを浪費しているのに、それを浪費と思わない。でも、私は絶対に行列になど並びたくない。

人と同じことをするのは、一番損をすることなのだ。人と違うことをするからこそ、超過利潤が生まれるのであって、同じことをしていたら一番高いものを買わされるだけである。

118 Horiemon's Words of Wisdom

プレゼントは価値より喜びを

高価なものを贈っても、お金持ちであれば、つねにその上のものを持っているわけです。あなたにとって〝高級品〟でも、相手から見れば〝安物〟になる。だからムリをして「価値」で勝負するのではなく、相手の話を聞き、趣味や趣向をよく観察し、「喜ぶもの」を的確についたほうがいい……。

やはり普段の会話から〝相手が欲しがるもの〟を一生懸命に考えて、探り当てた成果〟が、人の気持ちをつかむわけです。

119 Horiemon's Words of Wisdom

それぞれの人のそれぞれの宇宙

それぞれの人が、それぞれの宇宙を持っていて、その部分が面白いのだ。

120 Horiemon's Words of Wisdom

親族より近くの友達

西村 堀江さん、親戚付き合いってしてますか？

堀江 俺は親族より近くの友達派だからなぁ。だって10年に1回も会うか会わないかの親戚と、自分の友達や恋人のどちらかを選ぶとしたら、絶対に後者になるでしょ。

※西村……西村博之氏

121 Horiemon's Words of Wisdom

口臭はかなりのマイナスポイント

歯のケアをしていない人は総じて、口臭がきつい。あれはかなりのマイナスポイントだ。まず女の子にモテないし、仕事の場では相手に不快感を与える。歯を磨いて、歯間をきれいにするなんて、数分あればできることだ。毎日続けているだけで、10年後のQOL（クオリティー・オブ・ライフ）に格段の差が出る。

この人ダメだな、とか、使えないと思うオヤジは、だいたい口が臭くて歯が悪い。

好意を持たれる大人になるには、歯間ブラシの携帯が必須だ。決して大げさな話ではない。

122 Horiemon's Words of Wisdom

金持ちは多くの女性と出会える

つまり、普通のお金持ち男性は、たくさんの交友関係を持っているということ。それは同時に、女の子と出会う機会もたくさんあるということです。紹介されることも多いし、女性たちがたくさんいる場にも、出かける機会が多くなります。

123 Horiemon's Words of Wisdom

「リセットできる感覚」と「忘れる能力」

人間には「リセットできる感覚」と「忘れる能力」がある。

例えば、おなかいっぱい食べて「もうこれ以上は食べたくない」と思っても、時間が経てば食欲はリセットされてまた食べたくなる。そして、おなかがすいているときに食べると、なんだって美味しい。眠くなったら寝ると気持ちがいい。セックスだって、すぐにしたくなる。飽きるということがない。

頭の中でうまく消去できるすばらしい仕組みになっているのだ。しかも、少しずつ忘れてくれる。脳の仕組みは、本当にうまくできている。

124 Horiemon's Words of Wisdom

結婚後も女の子と遊べ

できれば、結婚後も女の子とは遊び続けてほしい。

深入りするかどうかは別にして、ちゃんと浮気をしないとダメだ。

女の子との恋愛には、服装とか美味しいお店を選ぶ試行錯誤が必要。もし結婚したというのが理由で恋愛をやめれば「好きな人に振り向いてもらう」という、あの手この手の思考が停止してしまうのだ。

モテる必要がない、という考え方はマズい。

君たちが最も忌み嫌う、オヤジへの第一歩だ。

125 Horiemon's Words of Wisdom

結婚式の「幸せ感」はいい

意外に思われるかもしれませんが、僕は人の結婚式に出るのが大好きなんです。

別に花嫁のお友達と知り合いになれるからではありません。

いや、その期待もあるかもしれませんが、結婚式にある「幸せ感」のようなものを感じるのが、すごくいいんです。うまく表現できませんが、「ああ、結婚っていいなあ」と、感無量の気分になります。

126 Horiemon's Words of Wisdom

刑務所にいるのはごく普通の人

刑務所にいる人たちって極悪非道でも、変わった人でもなくて、普通の人なんです。ほんとうに普通の人だなあと思いました。若干、変な人もいますけど、凶悪犯というよりはトラウマを抱えたりとか、家庭環境が良くなくてルサンチマンみたいなものを社会に対して持っていたりしますが、でも話してみると普通のどこにでもいる方々です。

Chapter 5

学びとインターネット

127 Horiemon's Words of Wisdom

人への説明で論理力が伸びる

人に説明する機会が多いと物事をロジカルに考える癖がつく。毎日ブログを書くとか、Twitterで論争するとかね。

128 Horiemon's Words of Wisdom

マンガの方が賢くなれる

僕は小説を読むメリットは、あまりない気がする。

思考をただ埋めるには、役立つかもしれないが……あれは長すぎる。

時間対効果が薄すぎはしないだろうか？

読書にかける時間と、結果として得られる情報の価値が、僕の実感では釣り合っていないのだ。

時間対効果という意味では、マンガの方がはるかに高いだろう。

129 Horiemon's Words of Wisdom

学校で協調性は学べない

学校では協調性を学べるとか言われているけど、学べないと思うよ。だって、俺、いまだに協調性ないもん。社会を学べるといっても、所詮は小学生の社会であって、実社会とは違うわけだしね。

130 Horiemon's Words of Wisdom

情報収集は砂金採りのようなもの

未来を見るためには、どのような情報収集をすればよいのだろうか。

私は、情報収集は「砂金採り」のようなものだと思う。情報は多ければ多いほどいい。仮に土砂の中にある一定の割合で砂金が含まれているとするなら、できるだけたくさんの土砂を集めれば、それだけ多くの砂金を手に入れることができる。そのためには、膨大な砂粒の中から砂金を選び出すように、膨大な情報の中から、大事な部分だけを抜き取る能力を磨いていくことが必要になる。

131 Horiemon's Words of Wisdom

リッチな環境はリッチな人材を生む

今は周りに知識の豊富な人たちがたくさんいて、日々私を刺激してくれる。しかし、子どものころには知識欲が満たされることがまったくなく、ずっと不満だった。

しばしば、子ども時代に苦労をしたり、環境が余りよくないと大人になってハングリー精神で頑張るものだ、などという。しかし、絶対にそうではないと思う。知識というものは、リッチな環境にいたらよりリッチになる。

子ども時代はもっといい環境であってほしかった。私をもっといい環境に置いてくれればよかったのに、と今でも思う。これは運命だから、仕方がないことなのだが。

132 Horiemon's Words of Wisdom

英語よりまず完璧な日本語を

大人になってから、外国の言語を学ぼうという意識自体は、決して悪いものではない。

けれど、ビジネスに役立てたいというつもりなら、疑問だ。

いまだに日本社会では、英語を話せる人が重宝される傾向があるけれど、どうなんだろう。外資系企業ならいざしらず、日本企業に勤めていて、特に海外事業と縁がないポジションなら、完璧な日本語を使える方がよっぽど大事じゃないだろうか。

133 Horiemon's Words of Wisdom

未来が見えれば必ず勝てる

人より何倍も情報収集ができれば、必ず未来が見えてくる。未来が見えるようになれば、必ず勝てる。情報は、ものすごく大事である。おそらく、これからは激しい情報競争の時代になっていくだろう。

134 Horiemon's Words of Wisdom

カンニングする意味がわからない

カンニングなんてドクター中松のジャンピングシューズを履いて100メートル競争に出るみたいなもんじゃないですか。わざわざ面倒くさい受験勉強なんかしてるのに、ズルしても意味がない。カンニングする人のメンタリティってわからない。わからないけれども、そんなものに目くじら立てて怒る人のことも同じようにわからない。

135 Horiemon's Words of Wisdom

教育者の考えは常に古い

子どものころの教育は、先生や親がするものだ。ところが、実は先生や親は彼らを教育した人の思想を受け継いでいる。そのため、時代からワンクール古いのだ。常々私は「先生の言うことは信じるな」と言っている。それは単純に考え方が古いからだ。

136 Horiemon's Words of Wisdom

「言いなりパターン」に陥るな

いま、多くの人たちが自己投資しているケースを見ると、言われるがままのプランをなにも考えずに実行しているケースが多いように感じます。

先生が自分を理想の地へと誘導してくれるという受動的な考え方なのでしょう。これは日本の教育システムのあり方と一致します。子どもの頃から従順に先生の言うことを聞くのが正しいと教えられているがゆえ、大人になって自己投資する場合でもお金は出しても口を出さない、いわば「言いなりパターン」になっているのです。

でも、自己投資するにあたって、それでは成果が出にくいとボクは考えます。

137 Horiemon's Words of Wisdom

先人の失敗に学べ

失敗ばかり繰り返していたら、余計な時間もかかってしまうわけだから、自分が失敗しないためにも、過去に失敗した人たちのことを調べるということも大切だ。

本当に月並みな話になるが、先人に学ぶというのは大事なことなのである。調べてみると、歴史上の人物の失敗例なんて山ほど出てくる。昔の人たちは、本当にいろいろな失敗を積み重ねてきている。そうした失敗を自分がしないためにも歴史を学ぶのだ。

138 Horiemon's Words of Wisdom

恐怖の大半は情報不足からくる

情報を持たなければ、人は恐怖にかられる。人間の恐怖の大半は、情報不足が原因だ。

新しい情報を獲得し続けていれば、不安や恐怖は克服できる。

部下の今後も、会社の行く末も、老後も、怖くはない。

これから先の事態を怖がっているのは、情報弱者である証拠だ。

今すぐ情報のコックを最大限にひねって、頭から情報のシャワーを浴びてほしい。

そうすれば身体にまとわりついた、不安や恐怖は洗い流されていくだろう。

139 Horiemon's Words of Wisdom

相手をしゃぶりつくせ

人と付き合うことは大事なことで、そこから得るものは大きい。

何が大きいかといえば、その人の持っている考えや知識、情報だ。そうしたものは、自分が気づきもしなかったような考え方から生まれていたりするので、刺激にもなる。

私は人と会えば、その人の持っている引き出しを端から開けて、どんどんと知識や情報をもらうようにしている。言ってみれば、相手をしゃぶりつくすのだ。

140 Horiemon's Words of Wisdom

時間や体力を使うことも投資になる

成功するための投資という話をすると、学校に通うとか、資格を取るとか、モノをそろえるとか、お金を使うことばかりを考える人も多い。だが、お金をかけるだけが投資ではない。若いうちであれば、時間を使うことも、体力を使うことも投資になるのだ。

141 Horiemon's Words of Wisdom

悩んだ時は思考の転換と情報収集

自殺を考えるほど悩む人って悲惨じゃないですか。周りのアドバイスに耳を傾けず、負のスパイラルに陥ってしまう。寂聴さんの法話を1回聞けば、たぶん解消するんでしょうね。ちょっと思考を変えるとか、少し情報を得るだけでだいぶ違うのに。ぼくは死にたいと思ったことが一度もないので、自殺するほどの悩みというのがよくわからないんです。

142 Horiemon's Words of Wisdom

後追いで動くと損をする

いま君たちに最も必要なのは、資金でも人脈でもない。情報だ。情報を所持するということは、未来を見ることだ。

僕は10年前から情報を人よりも多く所持するために、あらゆる手を尽くしていた。10年前には現在の電子書籍市場の活況を言い当てていた。すごいですね！と驚かれることもあるけど、僕には当然のことだった。情報を知っているから、ある程度の未来を見通すことができる。だから失敗のリスクを最小限に減らせて、会社を大きく成長させられた。投資の面でも情報があるから、最適な投資ができた。

後追いで動いている人は、損をして当たり前だ。

ヒッチハイクで自分の殻を破る

堀江　あと、自分の殻を破るのに、いい方法はヒッチハイクかな。

西村　赤の他人と会話しなきゃいけない状況って、会話スキルが上がりますからね。

堀江　友達からヒッチハイクに誘われて、すごい嫌だったんだけど行ったの。男2人を乗せてくれるケースって少ないから分乗するんだけど、そうなると1人で声かけなきゃいけないから、会話スキルが上がるんだよ。だから、ナンパでもいいんだけどさ。

※西村……西村博之氏

144 Horiemon's Words of Wisdom

情報弱者に未来はこない

情報を知らないこと、無駄を踏むことを、カッコいいと思っている人もいる。「俺は流行なんかに振り回されない！」「無駄なことにも発見はあるんだ！」とか……頭が痛くなってくる。

まあ、本気で言っているわけじゃないだろう。

きっと、本当に面白いことを知らないだけなのだ。

情報弱者のかわいそうな点は、自分がどれほど損をしているのか、気づかないことだ。

『アバター』を3Dで観なかった人は、座席シートに座ったまま、未知なる空間を浮遊する爽快な体験を知らないわけだ。それは、たとえこれまで何千本もの映画を観てきた映画通だって同じことだ。小さなプライドを守るため、時代の転換点を〝敢えて〟見逃す者に、決して未来は来ない。

145 Horiemon's Words of Wisdom

面白い人は発信している

無名な面白い人に会う機会って、意外とあるんだよ、ネットの時代だから。メールとかやりとりしたり、相手がブログとかやっていたりすると、だいたいわかるじゃない。面白い人って何かしら発信をしているんだよ。例えば、メールマガジン配信サービスの『まぐまぐ』を作った大川（弘一）さんは、15年ぐらい前から知り合いだけど、当時は無名だった。もちろん、こっちも無名。でも、15年前に大川さんが作ったホームページに、「インターネットどこでもドア」っていう論文があってさ。それがすごく面白くて、京都まで会いに行ったんだよね。こういうふうに、インターネットで面白い人と知り合えるようになったのは、いいことだと思うんだ。

146 Horiemon's Words of Wisdom

ブログ執筆は問題の消化作業

僕がブログを書くのは、自分の中でその問題を消化するための作業なんです。ただスクラップブックに新聞記事を貼り付けたって、理解には全然つながらない。

みんなの意見を聞き、自分の中に取り込んで消化し、自分のものにしていかないと。ニュースとか記事とか大量の情報を知って、いろいろな方面に詳しくなると、時間を先取りするというか、相対的な未来を知ることができる。

147 Horiemon's Words of Wisdom

インターネットで知の共有を

インターネットの最大の本質は「知の共有化」である。いわゆる「3人寄れば文殊の知恵」だ。

一部の天才を除き、人間1人の考え方ではイノベーションは起こらないけれども、複数人のディスカッションの中で生まれてくる新しい知の創造が、ものすごい勢いでイノベーションを推し進めていくのだ。インターネットとは、そのための場であり、道具なのである。

148 Horiemon's Words of Wisdom

私はツイッターを続ける

迷ったときはみんなの声を集め、みんなで考え、みんなで導けばいいのだ。
私たちは最悪の災厄から最善の解答を得た。それを忘れないでほしい。
私は、これからもツイッターを続ける。
収監される、そのときまで。収監された、そのあとも、だ。

149 Horiemon's Words of Wisdom

ソーシャルメディアの力

東日本大震災における政府の対応には、多くの問題があった。

でも最悪の事態は常にギリギリのところで回避され、なんとか踏ん張っている。

それは決して政治家や官僚の成果ではない。

ソーシャルメディアの成果だ。

アイデアを出し合い、最善の方法に導いているみんなの力だ。

私たちみんなで、私たちの国を救っている——。

私はツイッターの持つ無限大の可能性を今回まざまざと実感した。

150 Horiemon's Words of Wisdom

70億以上の宇宙と交わる

インターネットが登場するまで、人々は多くの時間をマスメディア、特にテレビからの一方向的な情報を受信することに費やしていた。しかし、そのコンテンツは、ごく一部の放送作家やプロデューサーなどの頭の中で考え出されたものだ。

ところが、インターネットにつながっているのは、約70億人以上の頭の中なのだ。もちろん、優秀な頭だけではないのかもしれないが、1人ひとりの頭の中には、それぞれの大きな宇宙がある。それを双方向で交わらせることによって、より大きな宇宙になっていくのだ。

Chapter 6

世界の仕組み

151 Horiemon's Words of Wisdom

ニートの存在は世の中がピュアになっていくプロセス

ニートだとか、働かないといったニュースを見ていると、私は世の中がどんどんピュアになっていくプロセスなのだと思われてならない。

152 Horiemon's Words of Wisdom

慣れることの怖さ

消費税というのは、上げればじきにみな慣れてしまうものなのだ。

缶ジュースだって、以前は100円だった。消費税の5パーセントを乗せるなら105円のはずだ。5円は自動販売機では扱いにくいという理由で、110円になったのだが、いつの間にか120円になってしまっている。実質20パーセントもアップしているのだ。なのに、今ではみな当たりまえのこととして自動販売機で買っているのだ。

すごく高い買い物をすると、「そんなに消費税で取られるのか」と気になる。しかし、気になるのは最初だけで、そのうちに何とも思わなくなる。「まあいいか、みんなそうだし」という感覚なのだろう。

慣れれば、誰も税金のことなど気にならなくなってしまうものなのだ。

153 Horiemon's Words of Wisdom

成り上がりは批判され、金満一家は嫉妬されない

堀江　若くしてお金時ちになった人を見て「俺も、ああなれる」と思うのか、「むかつく」と思うのか、どっちかという話。成り上がった人がむかつく対象になる。昔からの金持ちってあんまり嫉妬されないいんだよね。

西村　本来、堀江さんは自分の力量で稼いだわけだから、それは賞賛されるべきなんですよね。代々金持ちの人は、何もしなくても親の遺産でお金持ちになっているわけだから、どちらかというと、そっちのほうが卑怯な気がする。

堀江　それは非常に的を射た意見だと思う。だから、相続税を100%にしてみたら、いいんじゃないのかな？　少なくとも生まれた瞬間は平等になるし。

※西村……西村博之氏

154 Horiemon's Words of Wisdom

パチンコ換金も合法化を

ま、パチンコの3店方式（特殊景品を介在させ、出玉を金銭と交換することが事実上可能な営業形態）は〝グレー〟だよね。日本政府はソープランドといい、憲法9条と矛盾する自衛隊といい、グレーが大好きだよね。グレーのよくない点は合法・非合法両方のマフィアを増長させちゃうところ。「合法マフィア＝警察・検察（及びそのOBたち）」、「非合法マフィア＝ヤクザ」ね。カジノ立法の際、パチンコも合法化しちゃえばいいのに。

155 Horiemon's Words of Wisdom

通信簿の「協調性」欄は必要ない

小学校の通信簿に「協調性」とかっていう項目がある。ああいうの、やっぱりなくさなければいけないと思うんですよね。周囲と協調なんかせずに、中1のときからパソコンにハマリまくったからこそ、今の僕がいるわけじゃないですか。あのときハマッてなかったら、今の僕はない。

156 Horiemon's Words of Wisdom

狭いコミュニティからの脱出

皆、いじめは根絶できると思っているのだろうか？　人間社会にいじめは付きものだ。要はいじめを受け流したり、いじめから楽に逃げたり、自殺しないということができりゃ良いわけで、それなら可能だ。先ず、義務教育を根本から設計し直せばいい。狭いコミュニティのなかにずっと閉じ込められるのが、いじめから逃げられない原因となっているからだ。集団生活なんて学ばなくても人は生きていけるし、協調性ったって気の合わない奴と合わせようとしてもストレスの元になるだけである。これは、ネットもスマホもない時代、知識を学ぶために仕方なく作られた仕組みなのだ。今なら教育費補助の仕組みさえあれば、自由に民間企業に任せちゃえばよい。日替わりで色々なクラスで学べてもよいし、そもそも学校に通う必要もない。

157 Horiemon's Words of Wisdom

原油に依存していて自給率を語るのはアホ

国の礎とかいって、じゃあ使われている農機具の燃料はなんなんだ。ほぼ100%輸入の原油じゃないですか。原油がこなくなったら、農業は完全に崩壊しますよ。化学肥料も、農機具や温室暖房の燃料も、ビニールなんかも供給されなくなるから。原油の海外依存度100%をそのままに、自給率何%とか国の礎とかって、完全にアホですよ。

158 Horiemon's Words of Wisdom

日本企業のネックは正社員

むしろ見直すべきは、正社員の雇用保障なのだ。一度雇うと原則的に解雇できない、という法規制がいまの日本の足かせになっている。たとえ業績が上向いても、雇用調整ができない不安から、企業は新たな人材確保に及び腰になっている。その結果、遅々として生産力が上がらない。ビジネスチャンスを逃し、韓国や中国の企業に市場を奪われるのを黙って見ているのである。

いま、日本企業の最大のネックは「正社員」の存在だといっていいだろう。

159 Horiemon's Words of Wisdom

中小企業では給料の据え置きや減給は当たり前

結局、年功序列型賃金とは給料の後払いシステムに他ならないのでは、と気づいたのです。しかも、いわばこれは企業のバランスシートには載らない簿外《ぼがい》の負債です。簿外であるがゆえに突然、企業の都合でストップさせられても仕方がありません。業績不振でリストラするようになったら真っ先に減らされます。事実、ボクの懸念が現実のものとなりつつあるように感じます。すでに中小企業では給料の据《す》え置きや減給は当たり前。高給で知られる大手マスコミですら、そのような状況になっています。

160 Horiemon's Words of Wisdom

技術スターを生む環境づくりを

自然に競争力のない企業が淘汰《とうた》されつつあるのだから、そこは目をつぶって、これからの日本を支えていく新しい産業にお金を投資していくべきだろう。IT・バイオテクノロジー・ライフサイエンス・環境分野などがそうである。ところが、その現場で働く人間の供給が追いついていかない。これは間違いなく教育の問題である。

日本には、技術スターになれる環境がなく、あこがれの職業になっていない。優れた技術者を生み出すような、技術者の資質を持っている子どもを伸ばす教育が必要である。そうして、技術者が社会から賞賛されるような社会システムを作り、彼らが活躍できて注目されるような社会づくりが求められている。

161 Horiemon's Words of Wisdom

今の結婚制度は時代に合わない

ボクは過去に結婚したことがありますが、すぐに離婚してしまいました。その経験からいろいろ考えましたが、結婚をすれば扶養控除《ふようこうじょ》（廃止の方向に進みつつありますが）などの〝特典〟が受けられる反面、面倒くさい仕組みやしきたりも増えます。個人的には、有形無形のしがらみが増えてくるのであまりお勧めしません。

そもそも結婚というものは農業が産業の主体だった時代に農地を長子《ちょうし》相続させ、細分化したり、荒地になったりするのを防ぐための仕掛けでした。誰もが結婚できるように一夫一妻制が定着しただけの話であり、現代のようにほとんどの人が農業に従事しない時代に結婚制度はそぐわないとボクは思います。

162 Horiemon's Words of Wisdom

働けない人を守る社会を

高卒のゆとり世代が、今、ちょうど派遣切りにあっているのだ。企業からみれば、競争力のない使えない人間はおいてはおけないということだろう。

ここまで来たら、やはりもう社会のあり方を変えるしかないと思う。無理やり働きたくない、働けない人を働かせる社会を作るよりは、そういう人には働かなくてもいい社会を作って、遊んでもらっていてもいいのかもしれないと思う。そして、社会がその人たちをある程度保護する仕組みを作るのだ。

163 Horiemon's Words of Wisdom

真犯人を逃がしても冤罪を生んではいけない

無実の人が捕まったら、それは死んでも死に切れないじゃない。それで死刑にでもなったら、もう……。もうひとつ、DNA鑑定が決め手になって有罪になった死刑事件があって、もう執行されちゃっているんだけど、その人はずっと冤罪《えんざい》を訴え続けながら死んでしまった。もし、本当に冤罪だったら、それはすごく不幸で、あってはいけないこと。そうやって考えると、真犯人を逃がしてもいいから、冤罪を有罪にしてはいけないということになる。疑わしきは罰せず。これは原則中の原則だと思うんだよね。

164 Horiemon's Words of Wisdom

日本は「老人資本主義」、「老人民主主義」

政治家は「貧しい人のために」「お年寄りに対する社会保障だから」などと言い、若者に「ああそうか、所得税や年金が高くてしんどいなんて、おれたち悪いこと言ってるのかな」と思わせておいて、実は自分たちの人気を図ろうとしているだけのことなのだ。

高齢者たちは、すごい票田である。選挙のためには、政治家はお年寄りに嫌われることをしたくない。今ですら、40歳以上の人口のほうが、過半数になってしまっているのだ。おそらく45、46歳くらいが分岐点になっていて、どんどん高齢人口は増えていっている。現在の日本は「老人資本主義」であり、「老人民主主義」であると思う。老人のための政治になってしまっているのだ。

165 Horiemon's Words of Wisdom

1億総マゾ状態

※今、日本全国にすごく自粛ムードが漂っているじゃないですか。1400年来のシステムに組み込まれた教育制度の中で「みんなで苦しみを共有しよう」「みんなで我慢しよう」というマゾっぽい思想が国民に刷り込まれているのがよく出ていると思うんです。どんなに日本が時代遅れになって苦しくなっても、意外とみんな我慢しちゃうんじゃないか、という気もするんです。1億総マゾ状態。

貧乏な国になってもみんな耐えてしまうんじゃないか、と。福島第一原発の事故後、原子力発電の賛否が問われている中で、原発をすべてなくして昭和30年代の生活レベルでみんな暮らせばいい、って真剣に言う人もいっぱいいるじゃないですか。

166 Horiemon's Words of Wisdom

無報酬でもやりたい人が政治家に

政治家は、地方、国会議員を含め、全員を無給にする。無報酬でもやりたいという人が政治家になるべきだ。政治家が政治家たるゆえんは、再分配にある。集まったお金を予算としてどう配分するか。でも再分配はベーシック・インカムで終わっている。政治家の仕事は、せいぜい外交や最低限の立法ぐらいだろう。いまある大使館や公使館も維持する必要はない。信用できる日系企業の海外支社に委託すれば、事足りるはずだ。

167 Horiemon's Words of Wisdom

マスコミという危険な虎

「マスコミと検察は繋がっている」という人がいる。

それは半ば当たっている。検察から流れてくる情報をろくに裏も取らずに流す御用マスコミもどうかと思うが、まあ、もちつもたれつの阿吽《あうん》の呼吸というやつである。我々を摘発したネタも、某マスコミから流れたというまことしやかな噂もある。だが、それを検証する術《すべ》は、私にはない。

ただ言えることは、マスコミは第4の権力なんかではないということだ。第四どころか、この情報化社会においては、一番の権力を持っている。権力というものについて無頓着だった私は、いわゆる虎の尾を踏んだのである。

168 Horiemon's Words of Wisdom

官の過剰反応

今年の長野刑務所の節電目標は15％なのだそう。中部電力の目標は5％（後に4％に緩和）なのに、官ってこういう取り組みに過剰の反応するよねー。午前・午後の休み時間に麦茶が出るようになったが、予想通りというかなんというか、残念ながらぬるい。冷却も「節電」でNGか！　でも、運動の時間にシャワーが浴びられるようになってシャッキリ！　気分的には、これでごまかす感じか？

169 Horiemon's Words of Wisdom

被災地でもないのに自粛はナンセンス

悪平等意識というのかな。どこそこの飲食店は灯を消して営業しているのに、どこそこはネオンを煌々《こうこう》とつけてけしからんとか、頭がおかしい。被災地でもないのに営業を自粛して、消費を自粛してなんの意味があるんですか。それで経済が回らなくなったら、税収も落ち込んで被災地の復興に必要なお金も減っちゃうじゃないですか。

170 Horiemon's Words of Wisdom

世間的な価値はいくらでも変わる

昔だったら、電通のような会社が、それこそトップにいたわけです。いまでは女子アナの誰かが電通勤務の男性と結婚して、「久しぶりに電通、頑張ったよね」なんて言われる有様。もうまったくステータスではなくなっている。

さらに言えば、ライブドアが上位だった時代だってあったのです。さぞかしあの当時は、社員たちもモテていたのでしょう。

そんなふうに世間的な価値観なんて、いくらでも変わるのです。

世間の風潮に従って、「こうなれば自分が幸せになれるだろう」なんて考えていたって、仕方がないのです。

171 Horiemon's Words of Wisdom

日本に大統領制を

田原 明治維新も敗戦も、僕は1つの革命だったと思う。次はどんな革命かな？

堀江 僕は、大統領制だと思います。さまざまな改革を実現していくには、強力なリーダーシップが必要なので。地方首長は大統領型じゃないですか。でも、戦後の日本国総理大臣のほとんどは、リーダーシップがない。議員内閣制ってリーダーシップを発揮できないシステムになってるからですね。だから、大統領制の仕組みを取り入れたらいいじゃないかと、僕は思うんです。

※田原……田原総一朗氏

172 Horiemon's Words of Wisdom

特捜部が悪と認定すれば悪となる

極論すると、すべては彼ら特捜部の人間たちの善悪判断基準だけで逮捕、勾留、公判が行われるのだ。彼らが悪だと認定すれば、悪になるようにできている。そんな世の中なのだから、彼らに見つからないように、地味にコソコソ生きる方が賢い。目立ちさえしなければ、彼らは相手にしない。

実際のところ、検察が、たくさんの個人投資家を犠牲にしてまで私を追い込まなければならなかった理由はなんなのだろうか？　強制捜査に入らなければいけないほど、いったい誰が困っていたのだろうか？　株主？　国民？　今こそ、冷静になって考えてみる必要がある。

173 Horiemon's Words of Wisdom

世界からの投資を呼び込むために

莫大《ばくだい》な復興資金を国内だけでまかなえるわけがない。世界からの投資を呼び込まなくてはならないのだ。そのためには世界中の人がすごいと手を叩き、喜んで投資したくなる、新しい社会構造を提案する必要がある。新機軸のモデルに価値があれば、資金も集まってくる。復興財源を国内でまかなう必要性はどこにもないのである。

174 Horiemon's Words of Wisdom

お金と研究の好循環

日本の研究機関って、なんか、みんながブレーキを踏みながら、周囲を見渡して歩みのいちばん遅い人に合わせて歩いているような印象があるんですよね。お金がどんどん動いて、新しい研究がどんどん生まれて、そこから起業して、またそこで生まれたお金が研究機関に回ってというサイクルにちっともならない。僕はけっこう呆れてるんですよ。みんなさぁ、もっとうまくやりゃあ、いいじゃん！って。

175 Horiemon's Words of Wisdom

みんな幻想の中で安心を得ようとしている

終身雇用制度のもとで同じ仕事をずっと定年までしていられて、その後は年金生活なんて、もう幻想以外の何物でもないでしょう。でも、まだみんなその幻想を求めて、幻想の中に生きることで安心を得ようとしている。

176 Horiemon's Words of Wisdom

日本の格差など微々たるもの

堀江 でも、ぶっちゃけ、今の日本は格差社会と呼べるような状態じゃないと思うんだけど。

西村 ヨハネスブルグ（南アフリカ）やタイ、インドとかに比べたら全然ですよね。

堀江 そう、世界に比べれば全然だよね。日本の過去を振り返ってみても、最も格差がないぐらいの状況だと思うんだけどな。

※西村……西村博之氏

177 Horiemon's Words of Wisdom

伝統的な価値観に騙されるな

現在の社会保障や税金、税負担などは、高齢者優遇政策になっているのだ。古い道徳などを持ち出して説得しようとする姿勢には、若い人は気をつけなければならない。世代間の対立といってもいいだろう。伝統的な価値観などといって、おっさんたちは、結構若い者をだましにかかっている。気をつけよ、騙されてはいけない。

178 Horiemon's Words of Wisdom

能力の高い人は他を支えるべき

これからは、能力の高い人がそれ以外の人たちを支えていく社会になっていくべきなのではないか。できる子や個性のある子をどんどん伸ばしていって、社会を支えられるエリートをたくさん作ったほうがいいだろう。

逆に、そうしないと社会が成立しないのではないかと思う。どこかにひずみが生まれてしまうだろう。

179 Horiemon's Words of Wisdom

国家の主権は、国民全体の「集合知」にある

この国は「主権在民」。国家の主権は国民にある。

しかし日本人の多くは、自分たちが国家の主だということが、どうも感覚的に理解しづらいようだ。ならば、こう考えればどうだろうか。

国家の主権は、国民全体の「集合知」にある、と。ツイッターのようなソーシャルメディアで統合されたみんなの「意識」が主権者＝主人なのだ、と。

政治家や官僚は、極論を言えば、ツイッターで導き出された「答え」を、粛々《しゅくしゅく》と遂行するだけの存在でいいのだ。彼らは公僕＝パブリック・サーバントである。サーバントとは、主人の命令に従う召使いという意味だ。ところがいまの日本は、召使いが主人のケツの毛まで毟《むし》っている。それが日本をダメにしてきたのだ。

180 Horiemon's Words of Wisdom

世界をつないだ革命

ソーシャルメディアとスマートフォンは、革命的なのである。このコラボから導き出される「答え」は、現時点では最も正解に近い近似値をはじき出す。それを如実《にょじつ》に示したのが、2011年1月に起こったチュニジアとエジプトにおけるジャスミン革命であろう。長期独裁政権に対して立ちあがった市民は、ツイッターとFacebookを駆使して、ついには独裁政権を倒すまでに至った。

この市民革命が画期的だったのは、反政府デモにソーシャルメディアを駆使したことではない。この革命が、文字どおり革命的だったのは、ソーシャルメディアを通じてチュニジアやエジプトの市民と「世界」が結びついていたことなのである。

181 Horiemon's Words of Wisdom

小さな政府と大きな福祉

私は「小さな政府」であるべきだと思うし、いっそのこと政府などなくなってもいいのではないかとすら思う。官はものすごくコンパクトにすべきである。

しかし、小さな政府にすると、「大きな福祉」は実現できなくなってしまう。

だから、「政府は小さいけれども福祉を充実させるために、国民全員に等しく支給金を払い、あとは自分で何とかしてもらう」という仕組みがいい。

182 Horiemon's Words of Wisdom

出所後のプラン

やりたいことは山のようにある。保釈中にはできなかったこと、制限されていたことをやってやろう。そう考えるだけで、とても元気になるのだ。

私は出所後、デジタルノマドになろうとひそかにプランを練っている。ノマドとは移動しながら生活をする遊牧民のことで、デジタルノマドとは、ネットを駆使して世界中を移動しながら暮らす人のことを言う。

ネット環境があれば、どこにいても仕事はできる。取材や打ち合わせはSkypeを使ってやればいいし、ツイッターやFacebookがあれば、仲間や知人との情報交換も支障はない。原稿はメールで送信すれば事足りる。トランク1つ、カラダ1つ。行きたい場所に行き、住みたいだけ住み、世界中を旅しながら暮らすのだ。

183 Horiemon's Words of Wisdom

公共サービスはボランティアで

公務員はすべて無給にしてもいいぐらいだ。

公共サービスは、したい人がボランティアでやる。

私はＩＴ企業を経営していた。その観点から言えば、役場に人はほとんどいらないはずなのだ。住基ネットを応用すれば、書類のやりとりなんていくらでも簡略化できる。住民票や印鑑証明などの書類はコンビニで引き出せるようにすればいい。

184 Horiemon's Words of Wisdom

天才がのびのび育つ場を

技術を革新する力を持った天才たちって、いびつなヤツらが多いので、画一的な小学校とかの教育の中で、いじめられたりしている。本当にいじめられて死んじゃったりしているんです。

それって国家的な大損失だから、彼らがのびのびと学習できる場をつくるべきですよ。

185 Horiemon's Words of Wisdom

「世界市民」が増えている

自分の好きな場所（国）で好きな仕事をして暮らす「世界市民」とも言うべき人が増えている。金を稼げる人は「国家」を捨てるようになるのだ。

186 Horiemon's Words of Wisdom

世界に伍するスキルを磨け

日本人は、これからは「日本人だから豊か」などという考え方は捨てて、世界の中の優れた人たちと伍して戦えるだけの戦闘力を身につけなければならない。

日本人であるが故の付加価値などはないと思って、自分自身のスキルを磨くしかないのである。

187 Horiemon's Words of Wisdom

移民も入れちゃえばいい

「よそ者が来るのが怖い」っていう迷信を信じちゃってるんじゃないのかな？移民を反対する人とかいっぱいいるけど、移民も入れちゃえばいいじゃんって。入れる前から「入れちゃったら、こんな悪いことがどうのこうの～」とか言う。なんでそんなネガティブなんだよ。

Chapter 7

ホリエ流・前進志向

188 Horiemon's Words of Wisdom

何も持たないあなたは最強

そもそもあなたはリスクを恐れるほど、何かを持っているの？　ないでしょ？　持たざる者が何を怖がる必要があるのだ。

189

Horiemon's
Words of
Wisdom

夜が明けた「未来」に思いを馳せよう

夜のことを考えるより、夜が明けた「未来」に思いを馳《は》せよう。新しい日本で自分たちが楽しく元気に暮らしている姿を想像するのだ。イメージをぐんぐん膨らませるのだ。楽しくなってこないか。明るい気持ちにならないか。

190 Horiemon's Words of Wisdom

到底無理と思える目標を持つ

目標は、到底できないだろうと思えるぐらい大きいほうが、より大きな自信となって返ってくる。そして、人間にできないなんてことは何一つない。

191 Horiemon's Words of Wisdom

まずは先を走る者を追い抜こう

目標となる地点というのは、その都度定めたほうがいい。目標がないまま大きいことを目指しても、自分がどこまで到達しているのかがわからないので、仮想敵のようなライバルを持つべきだ。

今、自分のいるポジションに対して、その先を走っている人は必ずいる。そいつを抜くことをまず目指せば、モチベーションともなるし、伸びやすくもなる。

192 Horiemon's Words of Wisdom

信用を生む「心の中の打ち出の小槌」

その人が持っているキャラクターやイメージ、人脈、ノウハウというのが、まさに企業でいうところの無形固定資産に相当する。

これを私は「心の中の打ち出の小槌」と呼んでいる。

物語に登場する打ち出の小槌は、好きなものを無尽蔵に生み出してくれるが、こちらは信用をどんどん創造してくれる打ち出の小槌である。

193 Horiemon's Words of Wisdom

自信を持って自分の力を伝えろ

相手からの信用を勝ち取るためには、自信を持って自分の能力を伝えなければならない。そうしなければ、その価値を認めてはもらえないのである。

たとえば、あなたが誰かに大きな仕事を依頼されても、自信がないので「こんな仕事、私なんかにはとてもできません」などと言っていたら、信用につながらないことは、誰の目にも明らかだ。

とにかく自信をつけることが大事なのだ。

194 Horiemon's Words of Wisdom

自信は女も引き寄せる

私が考えているのは、持っているお金が大事なのではなく、お金を稼ぐプロセスによって得られる自信によって、女性を口説くこともできるということなのだ。

つまり自信を持って女の子を口説いた結果、イケメンでなくてもモテモテということだ。

仕事で成功体験を得て、自信をつければつけるほど、信用を築くことができ、さらに、その自信を使って、女の子も口説くことができるようになるのだ。

195 Horiemon's Words of Wisdom

若者よ、豪語せよ

本来なら30代ぐらいで「あと5年で総理大臣になるプランを、細かく立てています」と、豪語する者がいてもおかしくない。というか、いないとおかしいと思うのだが。ほとんどが60歳過ぎまで議員を大過なく続けて、うまいこと大臣クラスのイスが上から降りてくるのを、指をくわえて待っている。

196 Horiemon's Words of Wisdom

忙しくなれ

不安に対する一番の解決策は、とにかく忙しくなること。

197 Horiemon's Words of Wisdom

情報を知る者は未来が見える

どうすれば未来を予測できるのか。

未来には、「絶対的未来」と「相対的未来」がある。「絶対的未来」というのは、誰にでも共通する時間としての未来である。「1日たったら明日になる」というごく単純な未来だ。「相対的未来」とは、「明日になったら何が起こるかを知っている」という未来なのだ。

情報を持たない大多数の人にとっては、未来といっても思い浮かべるのは、現在か過去の内容でしかない。想像ができないからだ。

しかし、多くの情報を持っている者にとっては、まだ現実に今は存在していなくとも、「近い将来必ず起こる現象が見える」のだ。想像ではなく、確実に起こることとしてである。

198 Horiemon's Words of Wisdom

人間は想像力で未来をつくる

死がなくなる世界とか、精神が肉体から分離してコンピュータに再現されるという話も、実はすでにSF作家が予言している世界である。これらが実現する日は、そう遠くないかもしれない。人間というものは、想像力で未来を作っていく生き物なのだ。人間は、想像した物を実現する力があるのだ。

199 Horiemon's Words of Wisdom

現代科学は人の創造性に遅れている

30年も前に『2010年宇宙の旅』を生み出したアーサー・C・クラークとスタンリー・キューブリックの頭脳の中では、もうとっくに、人類は木星に着いている時代のはずなんだ。いかに彼らが飛び抜けた天才作家だったとはいえ、人の創造を現実の科学は、ちっとも越えられていない。正直、僕の事業がまだロケットエンジン開発の段階なのが、歯がゆくてならない。

200 Horiemon's Words of Wisdom

半端な明るさは、決断を鈍らせる

「明るいほうがいいに決まっているけど、暗いなら、暗いなりに対処もできる。中途半端が一番、危ない」

これが保釈中の私の心境だったのだ。

同時に、いまの日本のことだとも思っている。過去の成功体験をひきずり、新しいチャレンジを潰し続け、古いシステムにしがみつきながら、ゆっくりと黄昏時を過ごしている。まだ、明るい。まだ、先は見える。なんとかなるだろうという根拠のない楽観主義のまま、気がついたら道に迷っている。道を見失うまで何も考えようとしないのだ。

中途半端な明るさは、決断を鈍らせる。私はこの5年間、それを思い知った。だからこそ「夜」を受け入れたのである。

201 Horiemon's Words of Wisdom

お金は必ず借りられる

いざというときに、誰からもお金を貸してもらえない、助けてもらえないなんてことはないはず。信用があれば、お金を借りることはできる。それもできないというなら、生き方が間違っているとしか言いようがない。だって親や兄弟、親戚、友人がいるでしょ？

202 Horiemon's Words of Wisdom

粘るよりスパッとあきらめる

多くの人は粘り強く、コツコツと努力することが好きだ。粘り強くやっていれば、いつかはうまくいくなどと考えるのだろうが、実際はそんなことはない。ダラダラと続けていても、成功の確率は低いままだ。

むしろスパッとあきらめて、新しいことに力を尽くしたほうが成功の確率が高まる。

203 Horiemon's Words of Wisdom

どう生きるのか、考えぬこう

何ができるのか、どう生きていくのか、必死で考えよう。考えて考え抜いて頭の中を思考で埋め尽くそう。

204 Horiemon's Words of Wisdom

わが身の不幸を簡単に嘆くな

被災者の方は、本当に苦しく大変な思いをしていることだろう。だからこそ被災地以外の人は、被災者の人たち以上に強くならなければならない。わが身の不幸を嘆き、簡単に未来を閉ざしてはいけないのだ。

205 Horiemon's Words of Wisdom

巨大な難問にコツコツでは駄目

東北復興は今回にかぎって言えば「できることを1つ1つ、コツコツと」というのは、不幸な結果を招きかねない。目の前の問題を処理しながら、ゆっくり前に進んでいいのは小さな問題のときだけだ。巨大な難問はまずは「答え」を出す。

206 Horiemon's Words of Wisdom

真の価値を極めよう

私は東大を中退している。親からも卒業しろと口うるさく言われたが、東大を卒業することの価値は、実はそれほど必要ではないと判断したのだ。

東大の価値とは何か。

研究も自由にできないとすれば、入ることが一番重要なことで、卒業に関しては、それこそ行列に並んでいればだいたい問題なくできる。だとすれば、無形固定資産ともいえる東大ブランドを獲得するための関門は、入学時点で越えているわけだから、わざわざ行列に並んで卒業することもない。

たしかに、「東大卒」というおいしい鯛焼きは買えないかもしれないけれど、そのために費やす労力と時間に見合った価値なんかないのだ。

第7章
ホリエ流・前進志向

2013年、私はみんなと再会する。そのとき、ニュー・ホリエモンをお見せしたいと思っている。

きっと驚くはずだ。びっくりするほどスマートにもなっているだろうから(笑)。

みんなも、私を驚かしてほしい。

——『0311再起動』

出典

『お金はいつも正しい』双葉文庫：017, 018, 027, 028, 045, 047, 050, 054, 055, 060, 062, 065, 066, 082, 085, 086, 087, 089, 090, 091, 095, 096, 098, 100, 106, 111, 136, 159, 161

仮出所記者会見：126

『君がオヤジになる前に』徳間書店：001, 005, 006, 013, 016, 020, 029, 034, 044, 046, 048, 049, 056, 058, 059, 063, 070, 071, 073, 075, 076, 077, 078, 080, 088, 092, 103, 105, 109, 110, 121, 124, 128, 132, 138, 142, 144, 195, 199

『嫌われ者の流儀』小学館：032, 039, 102, 104, 114, 134, 165, 169, 174, 175

『嫌われることを恐れない突破力!』アスコム：009, 011, 031, 068, 079, 081, 115, 116, 146, 155, 157, 171, 184

『人生論』KKロングセラーズ：004, 019, 025, 026, 035, 037, 038, 053, 061, 064, 074, 099, 117, 123, 130, 131, 133, 135, 147, 150, 151, 152, 160, 162, 164, 177, 178, 181, 186, 197, 198

『0311再起動』徳間書店：052, 072, 141, 148, 149, 158, 166, 173, 179, 180, 182, 183, 185, 189, 200, 203, 204, 205

『徹底抗戦』集英社文庫：014, 042, 043, 167, 172

『ホリエモンの恋愛講座 "本物のお金持ち"と結婚するルール』大和出版：112, 113, 118, 122, 125, 170

『ホリエモン×ひろゆき 語りつくした本音の12時間「なんかヘンだよね…」』集英社：040, 067, 084, 094, 101, 108, 120, 129, 143, 145, 153, 163, 176, 187

メールマガジン：012, 127, 154, 156, 168

『夢をかなえる「打ち出の小槌」』青志社：002, 003, 007, 008, 010, 015, 021, 022, 023, 024, 030, 033, 036, 041, 051, 057, 069, 083, 093, 097, 107, 119, 137, 139, 140, 188, 190, 191, 192, 193, 194, 196, 201, 202, 206

堀江貴文の
言葉

2013年5月31日　第1刷発行
2016年5月 4 日　第3刷発行

著者　　堀江貴文

発行人　蓮見清一
発行所　株式会社宝島社
〒102-8388
東京都千代田区一番町25番地
営業　03-3234-4621
編集　03-3239-0646
http://tkj.jp
振替　00170-1-170829　㈱宝島社

印刷・製本　図書印刷株式会社

Printed in Japan
ISBN978-4-8002-0321-2